계명과 심판의 날

개정판

계명과 심판의 날 개정판

개정판 1쇄 발행 2025. 6. 2.

지은이 김운길
펴낸이 김병호
펴낸곳 주식회사 바른북스

책임편집 주식회사 바른북스 편집부

등록 2019년 4월 3일 제2019-000040호
주소 서울시 성동구 연무장5길 9-16, 301호 (성수동2가, 블루스톤타워)
대표전화 070-7857-9719 | **경영지원** 02-3409-9719 | **팩스** 070-7610-9820

•바른북스는 여러분의 다양한 아이디어와 원고 투고를 설레는 마음으로 기다리고 있습니다.
이메일 barunbooks21@naver.com | **원고투고** barunbooks21@naver.com
홈페이지 www.barunbooks.com | **공식 블로그** blog.naver.com/barunbooks7
공식 포스트 post.naver.com/barunbooks7 | **페이스북** facebook.com/barunbooks7

ⓒ 김운길, 2025
ISBN 979-11-7263-387-5 93230

•파본이나 잘못된 책은 구입하신 곳에서 교환해드립니다.
•이 책은 저작권법에 따라 보호를 받는 저작물이므로 무단전재 및 복제를 금지하며, 이 책 내용의 전부 및 일부를 이용하려면 반드시 저작권자와 도서출판 바른북스의 서면동의를 받아야 합니다.

개정판

계명과 심판의 날

김운길 著

화두(話頭)

그리스도의 뒤를 따르면서 열린 마음으로 다양한 교파의 교리들을 궁구하였다. 하지만, 어느 교단이나 예외 없이 하나님의 말씀과 모순되는 교리와 가르침이 적지 않았다. 진리에 오류가 있을 리는 없는데 도대체 어디부터 잘못된 것일까? 그리고 어디까지 잘못된 것일까? 그래서 두 가지 화두를 던져 보았다.

무엇이 가장 중요한가?
무엇이 가장 어려운가?

A : 가장 중요한 것 - 하나님을 사랑하는 그리스도의 제자들이 따라야 하는 구체적인 방법론이다. 하나님을 사랑하고 이웃을 사랑하라는 예수의 말씀은 구체적으로 어떻게 실천해야 할까?
결론을 먼저 말하자면, 계명이 영생의 말씀이고 사랑이다. 믿음의 고백과 상관없이 계명을 어기며 하나님과 무관하게 산다면 좋은 열매를 맺을 수 없다. 계명을 사랑하면 그 삶은 하나님의 공의와 긍휼 그리고 신실한 사랑으로 이어진다. 기복 신앙에 오염된 대부분 그리스도인이 깨닫지 못하는 계명의 중요성을 환기시키고 있다.

Q : 가장 어려운 것 - 예수그리스도의 재림 즉 심판의 날이다.
창세기부터 계시록까지 마지막 시대 주요 계시를 연결하여 해석한 결과, 그리스도의 재림은 2696년 9월 19일 저녁 무렵 예루살렘 동쪽 올리브 산으로 추측된다. 이 부분은 매우 난해하다. 구약의 출애굽기와 레위기, 다니엘서를 비롯한 선지서 그리고 신약의 복음서와 계시록까지 다양한 성경 지식과 세계사 지식을 요구하며, 계시를 연결하는 통찰력, 히브리 음력을 정확히 계산하는 스마트 앱들이 모두 필요하다. 그리고 무엇보다 과거와 현재, 미래를 연결하는 수천 년 시공간에 흩어진 4차원 퍼즐을 맞추는 창의 사고력이 요구된다. 맞고 틀리고는 오랜 시간이 지나야 알겠지만, 하나님의 신비한 경륜을 알기 원하는 사람에게는 좋은 자극이 될 것이다.

이 책은 특정 교단이나 교리에 구속되지 않고 오직 성경의 기록과 역사적 사실만을 추구하는 초교파적 해석으로 분류될 수 있다. 각 교단의 교리들이 서로 모순될 때 우리가 마지막으로 의지할 수 있는 것은 성경에 기록된 예수님의 가르침과 선지자, 사도들의 증언이기 때문이다.

이 해석에 이르기까지 징검다리 같은 도움을 주신 선배들이 계신다. 각기 다른 교단에 속한 분들이지만 그분들의 성경 해석이 없었다면 이 해석은 감히 시도조차 할 수 없었을 것이다. 직접 만나지는 못하였지만, 하나님의 말씀과 역사를 진지하게 탐구한 그들의 열정에 깊은 경의를 표한다.

윌리엄 밀러(William Miller, 1782~1849)
피터 럭크만(Peter S. Ruckman, 1921~2016)
박윤식 목사(1928~2014)
유진 폴스티히(Eugene Faulstich, 1931~2006)
리처드 미들턴(J. Richard Middleton, 새 하늘과 새 땅 저자)
바트 어만(Bart D. Ehrman, 두렵고 황홀한 역사 저자)

* 성경 인용 : 한글킹제임스 성경
* Back cover 스마트 앱 - **Hebrew Calendar**

목차

A
나는 아버지의 계명이 영생임을 아노라

열 가지 말씀들	11
계명이 곧 사랑이다.	13
증거궤(언약궤)와 계명	19
계시록 심판과 계명	23
하나님의 말씀은 사람이 바꿀 수 없다.	27
사람은 죽으면 어떻게 되는가?	29
진리는 순종할 때만 깨닫게 된다.	36
십자가 사건의 재구성	39
안식일의 목적은 거룩한 모임	46
절기는 하나님의 청사진	48
반복되는 순간이 영원을 결정한다.	52
축복과 저주	53
미쉬파트, 체다카, 헤세드	54
믿음은 인격적 순종	57

♎ Saturday, September 19, 2696

예수께서 언제 다시 오시는가?	61
계명을 주실 때	62
십자가를 지실 때	73
다시 오실 때	75
다니엘 7장 - 마지막 시대	79
다니엘 8장 - 예루살렘 성전	87
다니엘 9장 - 예수와 십자가	91
다니엘 12장 - 부활의 약속	93
초승달이 뜰 때 시작된다.	97
대환난 3년 반	107
계시록 가이드	109
창세기 1장 1절	112
B.C.6년 성탄일	115
사람의 전통과 하나님의 진리	120

너는 네 마음을 다하고, 혼을 다하고, 생각을 다하여 주 너의 하나님을 사랑하라.

A

나는 아버지의 계명이 영생임을 아노라

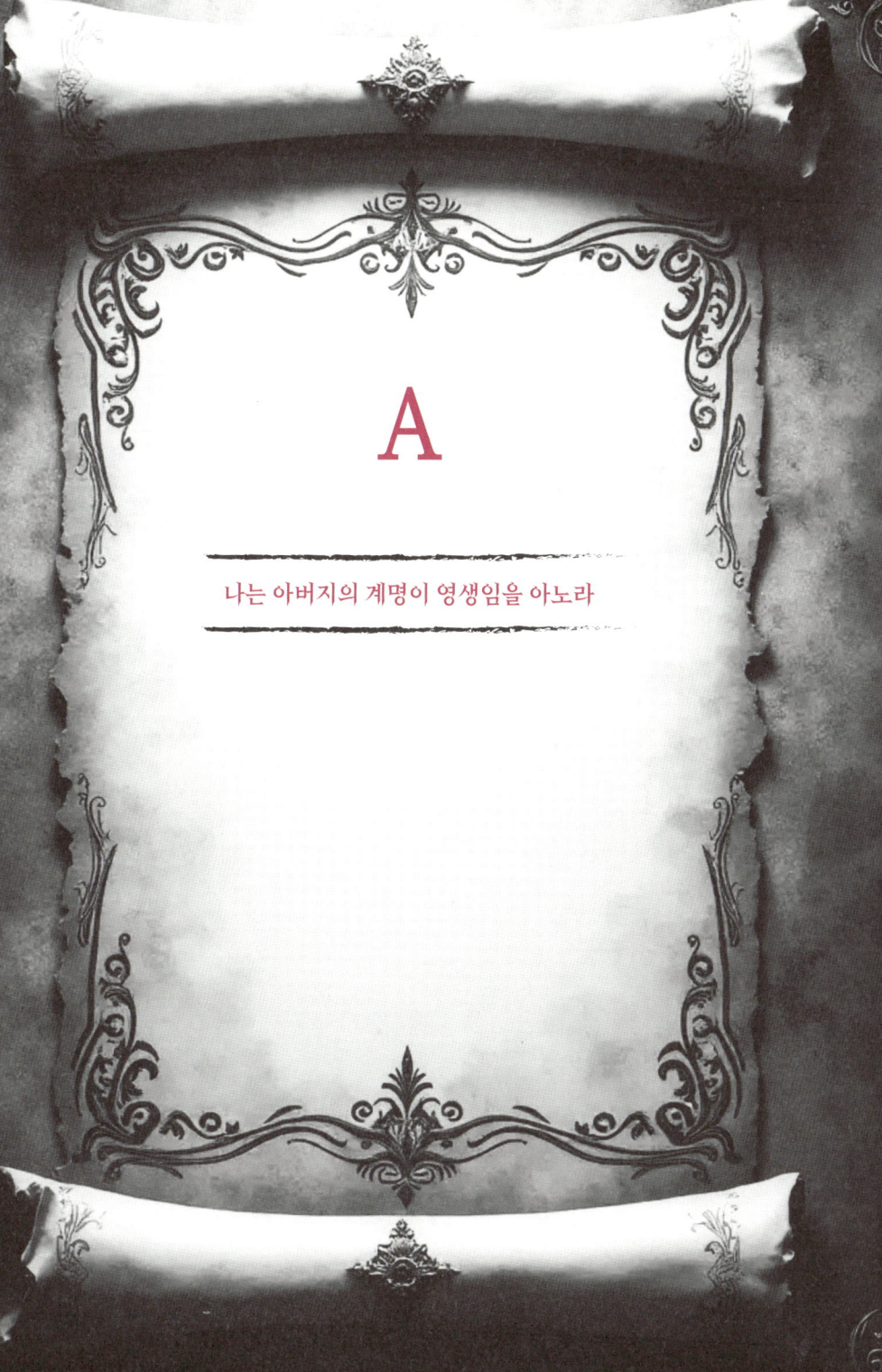

열 가지 말씀들

나는 이집트 땅, 종의 집에서 너를 데리고 나온 주 너의 하나님이라.

너는 내 앞에 다른 어떤 신들도 있게 하지 말지니라. 너는 어떤 새긴 형상도 네게 만들지 말고 또한 위로 하늘에 있는 것이나 아래로 땅에 있는 것이나 땅 아래 물에 있는 것의 어떤 모습이든지 만들지 말며 너는 그것들에게 절하지 말고 그것들을 섬기지 말지니라. 이는 나 주 너의 하나님은 질투하는 하나님임이니, 나를 미워하는 자들의 삼사 대까지, 그 조상들의 죄악을 그 자손들에게 미치게 하고 나를 사랑하고 나의 계명들을 지키는 자들에게는 수천 대까지 자비를 베푸느니라.

너는 주 너의 하나님의 이름을 헛되이 사용하지 말라. 주는 그의 이름을 헛되이 사용하는 자를 죄 없다고 여기지 아니하리라.

안식일 날을 기억하고 그것을 거룩하게 지키라. 엿새 동안 네가 일할지니 네 모든 일을 할지니라. 그러나 일곱째 날은 주 너의 하나님의 안식일이니 그날에는 너와 네 아들이나 네 딸이나 네 남종이나 네 여종이나 네 가축이나 네 문 안에 있는 네 타국인까지도 아무 일도 하지 말지니라. 이는 엿새 동안 주가 하늘과 땅과 바다와 그 안에 있는 모든 것을 만들고 일곱째 날에는 쉬었음이라. 그러므로 주가 안식일 날을 복 주고 거룩하게 하였느니라.

너는 네 아비와 네 어미를 공경하라. 그리하면 주 너의 하나님께서 네게 준 땅 위에서 네 날들이 길 것이라.

너는 살인하지 말지니라.

너는 간음하지 말지니라.

너는 도둑질하지 말지니라.

너는 네 이웃에 대하여 거짓 증거하지 말지니라.

너는 네 이웃의 집을 탐내지 말며, 너는 네 이웃의 아내나 그의 남종이나 그의 여종이나 그의 소나 그의 나귀나 네 이웃의 소유 중 아무것도 탐내지 말지니라.

　처음에는 열 가지 말씀들이라고 불렸다. 첫 말씀은 하나님의 자기 계시이며 나머지 말씀은 9가지 주제의 계명들로 이루어져 있다. 앞부분은 하나님 사랑, 뒷부분은 이웃 사랑으로 요약된다. 유대교, 가톨릭, 개신교에 따라 분류법이 약간 다르고 사람들에게는 십계명 또는 계명이라고 알려져 있다.
　출애굽기 20장에 처음 소개되었으며 신명기 9장 기록에 따르면 하나님께서 돌판에 친히 손가락으로 쓰셨다고 전해진다. 2개 1쌍인 돌판은 증거궤(언약궤) 안에 보관되었으나 기원전 6세기 느부갓네살의 예루살렘 침공 후 증거궤와 함께 사라졌다. 외경 마카베오하에는 선지자 예레미야가 주의 명령에 따라 증거궤를 어느 동굴에 감추어 두었다고 기록되어 있으나 현재까지는 행방이 묘연하다.

계명이 곧 사랑이다.

　영생에 이르는 믿음에서 무엇이 제일 중요할까? 과연 입술의 고백만으로 하나님 나라에 들어갈 수 있을까? 자기 마음대로 세상을 살다가 죽기 전에 지옥 가는 것이 두려워 예수를 믿는다고 말하고 세례를 받는다면 하나님 나라에 들어갈 수 있을까?
　하나님의 심판은 과연 그만큼 만만한 것일까?
　복음서에 기록된 율법사의 질문과 예수님의 답변을 보자.

* 누가복음 10:25~28
그런데, 보라, 한 율법사가 일어서서, 주를 시험하여 말씀드리기를 "선생님, 내가 영생을 상속받으려면 어떻게 하여야 하리이까?"라고 하니 주께서 그에게 말씀하시기를 "율법에는 무엇이라고 기록되어 있으며 너는 어떻게 읽느냐?"고 하시더라. 그가 대답하여 말씀드리기를 "'너는 네 마음을 다하고, 혼을 다하고, 힘을 다하고, 생각을 다하여 주 너의 하나님을 사랑하라. 또 네 이웃을 네 자신과 같이 사랑하라.'고 하였나이다."라고 하니, 주께서 그에게 말씀하시기를 "네가 옳게 대답하였도다. 이것을 행하라. 그러면 네가 살리라."고 하시더라.

　하나님을 사랑하고 이웃을 사랑하라는 율법사의 대답에 예수께서 옳다고 인정하셨다. 예수께서 율법사에게 왜 나를 믿으라고 하지 않으셨을까? 예수께서 제자들에게는 자신을 믿으면 영생을 얻는다고 말씀하신 바가 있기 때문이다. 죽은 나사로를 살리기 전에 예수께서 마르다에게 하신 말씀을 보자.

* 요한복음 11:20~27

그때 마르다는 예수께서 오신다는 말을 듣고 나가서 주를 맞았으나 마리아는 여전히 집에 앉아 있더라. 마르다가 예수께 말씀드리기를 "주여, 만일 주님께서 여기 계셨더라면 나의 오라비가 죽지 아니하였겠나이다. 그러나 나는 지금이라도 주님께서 무엇이든지 하나님께 구하시면 하나님께서 주님께 주실 줄 아나이다." 라고 하니 예수께서 그녀에게 말씀하시기를 "너의 오라비가 다시 살아나리라."고 하시더라. 마르다가 주께 말씀드리기를 "마지막 날에 부활로 그가 다시 살아날 줄을 내가 아나이다."라고 하니 예수께서 그녀에게 말씀하시기를 "나는 부활이요, 생명이니 나를 믿는 자는 죽어도 살 것이며 또 살아서 나를 믿는 자는 누구나 영원히 죽지 아니하리라. 네가 이것을 믿느냐?"고 하시니 그녀가 주께 말씀드리기를 "예, 주여, 나는 주께서 세상에 오실 그 그리스도, 곧 하나님의 아들이심을 믿나이다."라고 하더라.

영생에 대한 예수님의 대답이 율법사와 마르다에게 각각 다르게 제시되고 있음을 주목하자. 두 가지 가능성이 있다. 영생에 이르는 길이 두 가지 있거나 아니면 같은 말씀이다.

예수께서 두 가지 길을 제시했을 리는 만무하니, 결국 예수를 믿는다는 것은 하나님을 사랑하고 이웃을 사랑하는 것이라는 결론에 이르게 된다.

그렇다면 하나님을 사랑하는 것은 무엇인가? 일요일에 교회에 나가고 십일조와 헌금을 내고 적절한 봉사 활동을 하면 하나님을 사랑하는 것인가? 하나님을 사랑한다고 말로 외치면 그게 하나님을 사랑하는 것인가? 성경에는 하나님을 사랑하는 것이 무엇이라고 기록되어 있을까?

먼저 하나님께서 친히 돌판에 쓰신 계명에 기록된 내용을 보자.

* 출애굽기 20:6
나를 사랑하고 나의 계명들을 지키는 자들에게는 수천 대까지 자비를 베푸느니라.

여기에서 주목할 것은 하나님을 사랑하고 하나님의 계명들을 지키는 것이 함께 나온다. 히브리인들은 같은 내용을 반복해서 다르게 표현하는 병행법을 쓰는데 이 경우가 그러하다. 그래서 하나님을 사랑하는 것은 곧 하나님의 계명들을 지키는 것이 된다. 그것은 신약에 기록된 사도들의 가르침으로 확인된다.

* 요한일서 5:2~3
우리가 하나님을 사랑하고 그의 계명들을 지키면 이것으로 우리가 하나님의 자녀들을 사랑함을 아느니라. 하나님을 사랑하는 것이 이것이니, 곧 우리가 그의 계명들을 지키는 것이라. 그의 계명들은 무거운 것이 아니니라.

계명이 곧 사랑이다!

어떤 선생들은 그리스도의 십자가로 율법이 폐지되었다고 주장하며 계명의 중요성을 간과한다. 그들은 계명이 율법 안에 포함되어 있으니, 일부 계명의 폐지까지 주장하곤 한다. 하지만, 과연 그럴까? 사도 바울이 말한 율법은 계명을 포함하는 것일까? 아니면 할례와 복잡한 율법주의를 의미하는 것일까?

* 고린도전서 7:17~19
오직 각 사람은 하나님께서 나눠 주신 대로, 각 사람은 주께서 부르신 대로 그대로 행하라. 내가 모든 교회에도 그렇게 지시하노라. 할례를 받은 후에 부르심을 받은 사람이 있느냐? 그는 무할례자가 되지 말라. 무할례시에 부르심을 받은 사람이 있느냐? 그는 할례를 받지 말라. 할례를 받는 것도 아무것도 아니며 할례를 받지 아니하는 것도 아무것도 아니로되 오직 하나님의 계명들을 지킬 것이니라.

율법의 폐지가 계명도 포함된 것이라면, 마지막에 '오직 하나님의 계명들을 지킬 것이니라'라는 가르침은 모순되는 것이 아닌가?
  사도 바울의 이 가르침을 바르게 이해하려면 초기 기독교의 상황을 파악해야 한다.
  예수님의 승천 후, 기독교 태동기에는 크게 두 가지 흐름이 있었다. 하나는 예루살렘 교회 야고보를 필두로 한 유대파 그리스도인들로서 그들은 모세의 할례를 주장하였다. 다른 하나는 헬라파 그리스도인들로서 모세의 할례를 불필요한 것으로 인식했다. 그리고 그들 사이에는 할례를 둘러싼 큰 다툼이 있었다. 이러한 사정들은 모두 사도행전에 기록되어 있으나 결론만 요약하면 바울의 주장대로 결국 헬라파 그리스도인들이 주도권을 잡게 되었다. 할례라는 큰 걸림돌의 제거로 기독교의 세계화는 속도를 더하게 된다.
  이런 와중에 사도 바울이 주장한 율법의 폐지는 할례와 율법주의를 의미하는 것이지 결코 계명의 폐지가 아님을 알 수 있다. 계명은 곧 사랑이므로 계명의 폐지는 곧 사랑의 폐지가 되고, 이는 그리스도의 가르침을 정면으로 위배하는 것이기 때문이다.
  계명은 하나님을 사랑하고 이웃을 사랑하는 경계선이다. 공의에 바탕을 둔 진정한 사랑을 이룰 수 있는 형식적인 틀이다. 경계선이 무너지는 순간 사랑도 함께 무너진다. 불효하고 살인하고 간음하고 도둑질하고 거짓으로 이웃을 괴롭히고 남의 것을 탐내면서 사랑을 이룰 수 있겠는가? 우상 숭배, 탐욕으로 가득한 상태에서 하나님을 최우선으로 사랑할 수 있겠는가? 불가능하다. 따라서 계명의 틀을 벗어난 사랑은 모두 이기적인 자기 사랑에 불과하다.
  외형적으로 계명을 지키면서 속으로는 사랑이 없는 경우가 있을 수 있다. 유대교 성직자들이 그러한 모습을 보였으며, 그런 모습을 예수님은 위선이라고 질책하셨다. 위선은 나쁘다. 하지만 계명을 어기는 것은 본질적으로 틀린 것이다. 예수님은 계명 안에 거하셨고 그래서 하나님의 사랑 안에 거하셨다.

* 요한복음 15:10
내가 나의 아버지의 계명들을 지켜서 그분의 사랑 안에 거하는 것같이 너희도 나의 계명들을 지키면 나의 사랑 안에 거하리라.

예수님의 계명이 하나님의 계명 밖으로 나갈 수 있을까?
예수님의 사랑 계명을 순종하려면 하나님의 계명이라는 틀을 벗어날 수 없다. 유대교 성직자들이 사랑 없이 형식에만 집착하고 있었기 때문에 이를 질책하신 것이지, 결코 계명을 가볍게 취급하신 것이 아니다.
그러면 언제부터 계명을 순종해야 할까? 최후 심판 후에 하나님 나라에 들어가서부터 지키면 되는 것일까? 지금 살아 있을 때는 '오직 믿음으로!'라는 구호에 붙들려 적당히 살고 죽어서 계명을 순종하면 안 될까?
살아서 순종하지 않으면 하나님 나라에 들어가서도 순종할 수 없다. 예수님의 경고가 그러하다.

* 마태복음 5:17~20
내가 율법이나 선지서들을 폐기하러 온 줄로 생각하지 말라. 폐기하러 온 것이 아니라 이루려고 왔노라. 진실로 내가 너희에게 말하노니, 하늘과 땅이 없어지기 전에는 율법의 일점 일획도 모든 것이 이루어질 때까지 결코 없어지지 아니하리라. 그러므로 누구든지 이 계명들 중에서 지극히 작은 것 하나라도 범하고 그렇게 가르치는 사람은 천국에서 가장 작은 사람이라 불릴 것이

요, 누구든지 계명들을 행하고 가르치는 사람은 천국에서 큰 사람이라 불릴 것이라. 내가 너희에게 말하노니, 너희의 의가 서기관들과 바리새인들의 의보다 뛰어나지 못하면 결코 천국에 들어가지 못하리라.

서기관들과 바리새인들은 본질보다 형식을 더 중요하게 여겼으나 그리스도의 제자들은 형식과 본질을 온전히 순종해야 하나님 나라에 들어갈 수 있다는 경고이다. 하물며 형식조차 갖추지 못한다면 어떻게 하나님 나라에 들어갈 수 있겠는가?

계명을 가볍게 여기고 입술의 고백을 우선시하는 가르침은 열매 없는 천국행을 주장하는 위험한 가르침이다. 진짜 믿음은 하나님에 대한 경외심 그리고 그분의 뜻에 대한 온전한 순종 특히 계명에 대한 순종을 기반으로 한다. 그러고 나서야 좋은 열매를 맺을 수 있다.

* 요한복음 12:49~50
이는 내가 스스로 말한 것이 아니고 나를 보내신 아버지께서 내가 말할 것과 이를 것을 명하셨음이니 나는 그분의 계명이 영생임을 아노라. 그러므로 내가 말하는 것은 무엇이나 아버지께서 나에게 말씀하신 것을 그대로 이르는 것이라."고 하시더라.

예수께서는 하나님의 계명이 곧 영생이라고 정의하셨다. 따라서 예수를 믿는다고 하면서 하나님의 계명을 사랑하고 순종하지 않는 것은 예수를 믿는 것이 아니고 그냥 자기가 믿고 싶은 대로 믿는 것이다.

증거궤(언약궤)와 계명

하나님께서 친히 돌판에 쓰신 계명은 모세의 증거궤(언약궤) 안에 보관된다. 그리고 그 증거궤는 성막의 지성소 안에 안치되고 그 지성소는 대제사장 외에는 출입이 불가하였다. 대제사장은 일 년에 단 한 번 대속죄일(욤키푸르)에만 속죄를 위해 지성소에 들어갈 수 있었다.

증거궤 안에 왜 계명 돌판을 두었을까? 돌판이 중요했을까?

그렇지는 않을 것이다. 돌은 그냥 돌이기 때문이다. 중요한 것은 돌판에 새겨진 하나님의 뜻 즉 계명이다. 가장 중요한 곳, 가장 거룩한 곳, 바로 그곳에 자리 잡은 것이 영생의 말씀인 계명이었다!

솔로몬이 성전을 완공한 뒤, 증거궤와 관련된 열왕기/역대기 기록을 보자.

* 열왕기상 8:5~9

솔로몬왕과 그에게 모인 이스라엘의 온 회중이 그와 함께 궤 앞에 있어 양들과 수소들로 제사를 드렸는데 그 수가 많아 말로 할 수도, 셀 수도 없더라. 제사장들이 주의 언약궤를 그 자리로 들여갔으니 전의 지성소 안이요, 지극히 거룩한 곳, 즉 그룹들의 날개 아래로 들여갔더라. 그룹들이 궤의 자리 위로 그들의 두 날개를 폈는데 그룹들이 궤와 그 채 위를 덮었고 그들이 그 채들을 뽑아내니 채의 끝이 지성소 앞 성소에서는 보이나 밖에서는 보이지 않으며, 그 채들이 오늘날까지 거기 있더라. 그 궤 안에는 두 돌판 외에 아무것도 없었으니 그것들은 이스라엘 자손이 이집트 땅에서 나온 후에 주께서 그들과 언약을 맺으실 때 모세가 호렙에서 거기에 넣은 것이더라.

* 역대기하 5:6~10
또 솔로몬왕과 궤 앞으로 왕에게 모인 이스라엘의 온 회중이 양과 수소로 제사를 드렸는데 그 수가 많아 말로 할 수도 없고 헤아릴 수도 없더라. 제사장들이 주의 언약궤를 그 자리로 들여갔으니 전의 지성소요, 지극히 거룩한 곳, 즉 그룹들의 날개 아래라. 그룹들이 궤의 자리 위에 날개를 펼쳐서 궤와 그 채들 위를 덮더라. 그들이 궤의 채들을 뽑아 냈으니 채의 끝이 지성소 앞 궤에서 보였으나 그 채들이 밖에서는 보이지 아니하였으며 그것이 오늘날까지 거기 있더라. 그 궤에는 모세가 호렙에서 넣은 두 돌판 외에는 아무것도 없었으니 그것은 그들이 이집트에서 나왔을 때 주께서 이스라엘 자손과 언약을 맺으실 때에 넣은 것이라.

신약성경 히브리서에는 증거궤 안에 돌판 외에 아론의 싹 난 지팡이와 만나 항아리도 들어있었다고 기록되어 있다.

* 히브리서 9:3~5
두 번째 휘장 뒷부분은 지성소라 불리는 성막인데 거기에는 금향로와 전체를 금으로 싼 언약궤가 있었고, 그 안에는 만나를 담은 금항아리와 아론의 싹난 지팡이와 언약의 돌판들이 있었더라. 또 그 위에는 자비석을 덮는 영광의 그룹들이 있었는데, 이것들에 관해서는 지금 낱낱이 말할 수 없노라.

열왕기/역대기의 기록과 히브리서의 기록은 일치하지 않는다. 무엇이 진실일까?

이런 경우에는 직접 실험을 해보면 된다. 먼저 성경의 기록에 따라 증거궤 모형을 만들어보자.

* 출애굽기 25:10
그들은 싯팀 나무로 궤를 만들지니, 즉 그 길이가 이 큐빗 반, 그 너비가 일 큐빗 반, 그 높이가 일 큐빗 반이 되게 하고

여기에 기록된 단위를 지금 기준으로 환산하면 가로 112.5cm, 세로 67.5cm, 높이 67.5cm인 상자가 된다. 증거궤가 허용할 수 있는 지팡이의 최대 길이는 대각선인 148.44cm이다. 만나 항아리와 함께 둔다면 가로길이 112.5cm보다 짧아야 가능하다. 대제사장의 권위를 보여주는 지팡이치고는 너무 짧지 않은가? 아론의 지팡이가 길이를 조절할 수 있는 형태가 아닌 이상 증거궤 안에 들어갈 수는 없다. 그렇다면 어떻게 된 것일까?

성경은 하나님에 대한 신앙 고백이므로 인간적 오류의 가능성을 열어두어야 한다. 히브리서를 기록한 사람이 부주의했거나 번역에 오류가 있었다고 볼 수밖에 없다.

아론의 지팡이와 관련된 구약의 기록을 보자.

* 민수기 17:10
주께서 또 모세에게 말씀하시기를 "아론의 막대기를 다시 증거궤 앞으로 가져다가 반역한 자들에 대한 표식으로 간직하여 너는 그들의 불평을 내게로부터 아주 제거하여서 그들로 죽지 않게 하라." 하시니라.

만나 항아리와 관련된 구약의 기록도 보자.

* 출애굽기 16:33~34
모세가 아론에게 말하기를 "항아리를 가져다가 그 속에 만나 한 오멜을 가득 채워서 주 앞에 두고 너희 후대를 위해 간수하게 하라." 하니 주께서 모세에게 명령하신 대로 아론이 그것을 증거판 앞에 두어 간수케 하니라.

만나 항아리는 주 앞에, 증거판 앞에 두라고 하였다. 그래서 어떤 사람들은 증거궤 안에 돌판을 세워두고 그 앞에 항아리를 둔 것으로 이해한다. 하지만 돌판을 세워두고 항아리를 그 앞에 둔 경우 이동할 때 돌판이나 항아리는 서로 부딪혀서 깨지게 된다. 따라서 주 앞에 또는 증거판 앞에라는 표현은 증거판이 안치된 증거궤 앞에로 이해해야 한다.

　　서양 영화에 등장하는 십계명 돌판은 위가 둥글게 생긴 세로형이다. 유럽의 시각과 문화적 배경으로 출애굽의 상황을 재현했기 때문이다. 하지만, 성경의 기록에 따르면 모세의 계명 돌판은 가로세로 각각 한 큐빗(45cm)인 정사각형이다.

　　광야에서 성막과 증거궤는 하나님의 인도에 따라 이동했다. 험한 광야 길을 이동할 때 깨지지 않으려면 정사각형 돌판은 증거궤 안에 반듯하게 눕힌 상태로 두어야 한다. 가로세로 한 큐빗인 돌판 두 개를 겹치지 않고 반듯하게 눕히려면 가로는 두 큐빗 반, 세로는 한 큐빗 반이 필요하다. 그게 바로 증거궤의 바닥 면적이다.

　　논점을 정리하면, 만나 항아리와 아론의 싹 난 지팡이는 지성소 안에는 위치하게 되지만, 증거궤 안에까지 들어가진 못했다.

　　가장 거룩한 곳, 그룹의 날개 아래 증거궤 안에는 돌판에 새겨진 계명만 존재했었다. 그것이 바로 하나님의 영원하신 뜻, 영생의 말씀이기에!

계시록 심판과 계명

계명과 관련하여 계시록에서 중요한 증언을 찾아볼 수 있다. 먼저 환난의 시대에 고난받는 성도들에 관한 말씀이다.

* 계시록 14:9~12
셋째 천사가 그들을 따라가며 큰 음성으로 말하기를 "누구든지 그 짐승과 그의 형상에게 경배하고 그의 표를 자기 이마나 손에 받는다면 그 역시 하나님의 진노의 포도주를 마시게 되리니, 그것은 그의 진노의 잔에 혼합하지 않고 부은 것이니라. 또 그 사람은 거룩한 천사들의 면전과 어린양의 면전에서 불과 유황으로 고통을 받으리니, 그 고통의 연기가 영원무궁토록 올라가리라. 그 짐승과 그의 형상에게 경배하고 그의 이름의 표를 받는 자는 누구든지 밤낮 쉼을 얻지 못하리라. 여기에 성도들의 인내가 있으며 여기에 하나님의 계명들과 예수의 믿음을 지키는 자들이 있느니라."고 하더라.

진정한 성도의 모습은 하나님의 계명들과 예수의 믿음을 지키는 자들이라고 선언한다. 세상이 혼탁할 때 예수를 믿는 사람들은 경건하게 하나님의 계명을 순종하는 사람들임을 밝히고 있다.

계시록 22:14~15에는 특이한 성경 구절이 나온다. 먼저 개역개정의 번역을 보자.

> 자기 두루마기를 빠는 자들은 복이 있으니 이는 그들이 생명나무에 나아가며 문들을 통하여 성에 들어갈 권세를 받으려 함이로다. 개들과 점술가들과 음행하는 자들과 살인자들과 우상 숭배자

들과 및 거짓말을 좋아하며 지어내는 자는 다 성 밖에 있으리라.

한글킹제임스 성경의 번역은 다음과 같다.

그의 계명들을 행하는 자들은 복이 있나니, 이는 그들이 생명 나무에 대한 권리를 가지며 또 그 문들을 통하여 도성 안으로 들어가게 하려 함이니라. 그러나 개들과 마술사들과 음행자들과 살인자들과 우상 숭배자들과 누구든지 거짓말을 즐겨 행하는 자는 모두 다 바깥에 있으리라.

계 22:14을 개역 개정에서는 자기 두루마기를 빠는 자들이라고 번역하였고, 한글킹제임스 성경에서는 그의 계명들을 행하는 자들이라고 번역하였다. 다시 말해 두루마기를 빠는 자들은 곧 하나님의 계명들을 지키는 자들이라는 말씀과 동일하다. 그다음 15절에 등장하는 자격 없는 자들은 모두 계명을 어기는 자들임을 알 수 있다. 그런데 그 자격이라는 것이 무엇인가? 바로 생명나무에 나아가고 거룩한 도성에 들어갈 권세이다. 다시 말해서 계명을 지키는 것이 영생의 길임을 선언하고 있다.

두루마기를 빠는 것 곧 계명을 지키는 것이 중요한 것은 예수님의 혼인 잔치 비유에서도 찾아볼 수 있다.

* 마태복음 22:1~14
또 예수께서 대답하여 그들에게 다시 비유로 일러, 말씀하시기를 "천국은 마치 자기 아들을 혼인시킨 어떤 왕과 같으니 왕이 혼인 잔치에 초대받은 사람들을 불러오라고 자기 종들을 보냈으나 그 사람들은 오려고 하지 아니하였느니라. 다시 그가 다른 종들을 보내면서 말하기를 '초대받은 자들에게 말하라. 보라, 내가 만찬을 준비하였고, 내 소와 살진 짐승을 잡았으며, 또 모든 것이 준비되었으니 혼인식에 오라 하라.'고 일렀느니라. 그러나 그들은 개의

치 아니하고 어떤 사람은 자기 밭으로, 또 어떤 사람은 장사하러 갔으며 남은 자들은 그 종들을 붙잡아 모욕을 주고 죽였느니라. 왕이 이 말을 듣고 분노하여 자기 군대를 보내어 그 살인자들을 죽이고 그들의 성읍을 불살라 버렸느니라. 그리고 나서 자기 종들에게 말하기를 '혼인 잔치는 마련되었으나 초대받은 사람들은 합당치 않도다. 그러므로 너희는 대로로 나가서 사람들을 만나는 대로 전부 혼인식에 청해 오라.'고 하였더니 종들이 대로에 나가서, 악하거나 선하거나 만나는 대로 다 불러오니, 그 혼인 잔치가 손님들로 가득 찼느니라. 왕이 손님들을 보러 들어가서, 거기에 예복을 입지 않은 한 사람을 보고 그에게 말하기를 '친구여, 그대는 어찌하여 예복도 입지 않고 여기에 들어왔는가?'라고 하니, 그가 아무 말도 없었느니라. 그러자 왕이 종들에게 말하기를 '그 사람의 손과 발을 묶어서 데리고 나가 바깥 흑암에 내어 던지라. 거기서 울며 이를 갈고 있으리라.'고 하였느니라. 부름을 받은 사람들은 많아도 택함을 받은 사람들은 적으니라."고 하시니라.

운이 좋아서 혼인 잔치에 참여하기는 했으나 많은 사람이 예복을 입지 않아서 쫓겨나게 된다. 혼인 잔치에 참여할 때 예복을 입는다는 것은 무엇을 의미하는 것일까? 그것은 믿음으로 성령의 선한 열매를 맺는 것인데 계명을 순종할 때만 가능한 일이다. 이런저런 이유로 예배당을 다니지만 정작 예복을 입는 것, 두루마리를 빠는 것 즉 계명을 순종하여 성령의 열매를 맺지 못하면 최후 심판대 앞에서 하나님의 인정을 받을 수 없다는 경고이다.

그다음 말씀이 더 무섭다. 부름을 받은 사람들은 많아도 택함을 받은 사람들은 적으니라!

교회나 성당을 다니지만, 예복을 제대로 갖춰 입은 사람들은 적다는 경고이다. 평생을 예배당에 다녀도 계명이 곧 사랑이며 영생의 말씀인 것을 깨닫지 못하는 사람이 많다.

최후 심판 후를 한번 상상해 보라. 영생이 주어진 사람들이 계명을 지키지 않는다면 그곳은 즉시 아수라장으로 바뀌지 않겠는가? 하나님께서 새롭게 하실 세상이 다시 그렇게 엉망이 될 것 같은가?

그래서 계명이 곧 영생의 말씀이다.

하나님의 말씀은 사람이 바꿀 수 없다.

로마의 기독교 공인 후, 어느 순간부터 가톨릭과 개신교는 하나님의 계명을 온전히 순종하지 않는다. 가장 대표적인 것이 안식일(일곱째 날, 토요일) 대신 일요일을 예배일로 생각하는 것이다.

마가복음에는 하나님의 계명을 폐하고 인간의 전통을 우선시하는 선생들에게 일갈한 예수님의 경고가 기록되어 있다. 하나님의 계명 대신 인간의 전통을 지키는 것은 하나님을 헛되이 경배하는 것이라고 지적하셨다.

*마가복음 7:6~9
주께서 그들에게 대답하여 말씀하시기를 "너희 위선자들에 관하여 이사야가 잘 예언하였도다. 기록된 바와 같으니 '이 백성이 입술로는 나를 공경하여도 그들의 마음은 내게서 멀도다. 그러면서도 사람들의 계명들을 교리들로 가르치니, 그들이 나를 헛되이 경배하는도다.' 너희가 하나님의 계명을 버리고 사람들의 전통을 지키니, 단지와 잔을 물로 씻는 것과 이와 같은 여러 가지 다른 일을 자행하는도다."라고 하시니라. 또 주께서 그들에게 말씀하시기를 "너희 자신의 전통을 지키기 위해 너희가 하나님의 계명은 쉬 버리는도다.

안식일은 태초에 하나님께서 거룩하게 하신 유일한 날임을 창세기에서 확인할 수 있다. 그 뒤로 다른 요일을 거룩하게 하신 적이 없다. 따라서 일요일은 다른 요일과 마찬가지로 그냥 첫째 날에 불과하다.

* 창세기 2:1~3
그리하여 하늘들과 땅이 완성되었고, 하늘들의 모든 군상들도 그러하니라. 일곱째 날에 하나님께서 자신이 만드시던 자신의 일을 끝내시고 자신이 만드시던 자신의 모든 일로부터 일곱째 날에 쉬시니라. 하나님께서 일곱째 날을 복 주시고 그것을 거룩하게 하셨으니, 이는 그날에 하나님께서 창조하시고 지으신 그의 모든 일로부터 쉬셨음이라.

일요일 예배는 공식적으로 언제부터 시작되었을까?
기록에 따르면 기독교를 공인한 콘스탄티누스 황제가 321년에 일요일 휴업령을 반포한 것으로 전해진다.
로마의 기독교 공인 후 하나님의 진리를 훼방하는 세 가지 큰 흐름이 있는데, 첫째는 육체와 영혼을 분리해서 생각하는 이원론이요, 둘째는 여신 숭배 사상을 받아들인 마리아 숭배요, 셋째는 태양교의 흔적을 받아들인 엉터리 절기들 즉 일요일, 부활절, 크리스마스 등이다. 엉터리 절기들의 위험성은 그것들이 하나님의 역사 즉 인류의 구속사를 가리고 있다는 것이고, 그 결과 그리스도의 재림과 관련된 진리를 깨닫지 못하게 되었다.
재림의 진리를 망각하고 나면 죽은 뒤 육체를 떠난 영혼이 천국에 간다는 비성경적인 주장을 하게 된다. 만약 죽어서 영혼이 천국에 간다면, 예수님의 재림 시 약속한 육체의 부활은 어떻게 되는가?
죽어서 육체를 떠난 영혼이 천국에 간다는 주장은 예수께서 약속하신 육체의 부활을 부정하는 엉터리 가르침이다.
그렇다면 무엇이 진실인가?

사람은 죽으면 어떻게 되는가?

　육체와 영혼을 분리해서 생각하는 플라톤의 이원론과 이를 바탕으로 한 헬라(그리스) 철학이 기독교 초기 교부들의 어리석음을 틈타 하나님의 진리를 오염시키게 되었다. 과연 육체와 영혼은 분리해서 생각할 수 있는가? 사람은 죽으면 어떻게 되는가?
　진실을 말하자면 사람은 죽으면 흙으로 돌아간다. 그리고 존재가 소멸하게 된다. 육체가 없는데 영혼만 분리해서 존재할 수 없다. 왜냐하면 인간은 육체를 기본 바탕으로 하고 있기 때문이다.

* 창세기 2:7
주 하나님께서 땅의 흙으로 사람을 지으시고 그의 콧구멍에다 생명의 호흡을 불어넣으시니, 사람이 살아 있는 혼이 되었더라.

　하나님께서 흙으로 먼저 육체를 지으신 후 생명을 불어넣으셨다. 육체 따로 영혼 따로 창조하신 게 아니다. 육체를 지으시고 거기에 생명을 불어넣으신 것이다. 따라서 육체가 사라지면 생명도 사라지게 된다. 당연히 육체를 떠난 영혼 같은 것은 존재하지 않는다. 첫 사람 아담의 불순종으로 인하여 모든 사람은 죽을 운명에 처하게 되었고 결국 흙으로 돌아가며 육신이 사라지면 영혼도 사라지게 된다.

* 창세기 3:19
네가 땅으로 돌아갈 때까지 네 얼굴에 땀을 흘려야 빵을 먹으리니, 이는 네가 땅에서 취해졌음이라. 너는 흙이니 너는 흙으로 돌

아갈 것이니라." 하시니라.

하나님께서 육신은 흙으로 돌아가고 영혼은 천국이나 지옥으로 가라고 말씀하신 적이 없다. 인간은 죽으면 예외 없이 모두 흙으로 돌아가고 존재가 소멸하게 된다. 그래서 모두 죽음을 두려워하는 것이다. 지옥(地獄)은 불타는 고문 장소가 아니고, 땅(地)의 감옥(獄) 즉 흙으로 돌아간 인간이 영원히 벗어날 수 없는 곳을 의미한다.

인류 역사에서 예수그리스도를 제외하고 죽음에서 부활하여 다시 돌아온 존재가 있던가! 가끔 죽었다가 다시 살아난 사람들이 있긴 한데 그들은 결국 다시 죽는다. 부활이 아니고 일시적 소생이다.

성경에 기록된 영혼 또는 혼 등의 표현은 하나님의 형상을 따라 창조된 인간의 영적인 특성을 강조한 표현이다. 따라서 그 영혼이 구원을 얻으리라는 표현은 그 사람이 구원을 얻으리라는 뜻이다. 육체와 분리된 영혼만 따로 구원받는 것이 아니다.

죽음은 슬프고 두렵다. 육체적 죽음 뒤에 분리된 영혼만이라도 존재하기를 희망하곤 한다. 그래서 동서양을 막론하고 종교계에 만연한 사상이 이원론이다.

신약 성경에서 사도들은 죽는 것을 잠드는 것으로 표현하기도 한다. 그것은 부활의 소망을 표현하는 문학적 표현이다. 하나님께서 영생의 부활을 허락하지 않는 이상 결국 영원히 사라질 뿐이다.

* 고린도전서 15:51~52
보라, 내가 너희에게 한 가지 신비를 말하노니 우리가 다 잠잘 것이 아니요 오히려 우리가 모두 변화될 것이니 마지막 나팔 소리에 눈 깜짝하는 순간에 그러하리라. 나팔 소리가 나면 죽은 자들이 썩지 아니하는 몸으로 일으켜지며 우리도 변화되리라.

죽은 영혼이 천당에서 즐겁게 지내다가 다시 돌아와서 부활한다는 사상은 성경에는 존재하지 않는다. 따라서, 죽어서 영혼이 천당에 간다는 대다수 기독교인의 생각은 이원론에 오염된 헬라 철학일 뿐 하나님의 진리는 아니다! 영혼과 육체를 분리해서 생각하는 이원론을 벗어나야 그리스도의 재림과 부활에 대한 진리를 바르게 깨달을 수 있다.

성경적 진실은 냉엄하다. 모든 사람은 죽으면 흙으로 돌아가고 존재 자체가 사라지게 된다. 점잖은 표현으로 잠든다(또는 쉰다)고 기록되어 있을 뿐이다.

다만, 그게 끝은 아니다.

하나님께서 정하신 때에, 그리스도의 재림과 함께 순교자 및 선택된 일부가 첫째 부활의 영광을 얻게 되고, 나머지 사람들은 대부분 하나님의 심판대에서 각자의 행위대로 최후 심판을 받게 된다(계 20장).

예수의 어머니 마리아, 사도들을 포함하여 죽은 사람은 예외 없이 모두 흙으로 돌아간 상태다. 그 사실을 깨닫고 나면 죽은 사람에게 기도하는 것이 얼마나 비성경적인 관행인지 깨닫게 된다. 인간의 기도를 들어주실 분은 오직 살아계신 하나님뿐이다.

대부분 그리스도인이 천국에 대해 잘못된 관념을 가지고 있다. 죽어서 영혼이 가는 천당이라는 생각을 한다. 하지만, 예수님께서 말씀하신 천국은 그 정의가 다르다. 복음서의 기록을 보자.

* 마태복음 13:24~30
주께서 그들 앞에 또 다른 비유를 들어 말씀하시기를 "천국은 좋은 씨를 자기 밭에 뿌린 사람과 같으니, 사람들이 잠자는 동안 그의 원수가 와서 곡식 사이에 독보리들을 뿌리고 가 버리니 싹이 나고 이삭이 패일 때에 독보리들도 나오니라. 그 집주인의 종들이 와서 그에게 말하기를 '주인님, 당신의 밭에다 좋은 씨를 뿌리지 아니하였나이까? 그런데 독보리들은 어떻게 생겼나이까?'라고 하니 그 주인이 그들에게 말하기를 '원수가 이렇게 하였구나.' 하자 그 종들이 그에게 말하기를 '그러면 우리가 가서 그것들을 한데 모으기를 원하시나이까?'라고 하니 주인이 말하기를 '아니라, 독보리들을 한데 모으다가 곡식까지 함께 뽑으면 아니되느니라. 추수 때까지 둘 다 함께 자라도록 두었다가, 추수 때에 내가 추수꾼들에게 말하여, 먼저 독보리들을 모아서 불사르기 위하여 단으로 묶고, 곡식은 내 곳간으로 모아들이게 하리라.'고 하니라." 하시더라.

* 마태복음 13:36~43
그후에 예수께서 무리를 보내시고 집으로 들어가시니, 주의 제자들이 와서 주께 말씀드리기를 "밭의 독보리들의 비유를 우리에게 설명하여 주소서."라고 하니, 주께서 그들에게 대답하여 말씀하시기를 "좋은 씨를 뿌리는 자는 인자요, 밭은 세상이며, 좋은 씨는 왕국의 자녀들이니라. 그러나 독보리들은 악한 자의 자녀들이요, 독보리들을 뿌린 그 원수는 마귀이며, 추수는 세상의 끝이요, 추수꾼들은 천사들이니라. 그러므로 독보리들을 거두어서 불에 태웠듯이 이 세상의 끝에도 그렇게 되리라. 인자가 그의 천사들을 보내리니, 그러면 그들이 실족케 하는 모든 것들과 불법을 행하는 자들을 그의 왕국에서 가려내어 모으리라. 그리하여 그들을 불타는 용광로 속으로 던지리니, 거기서 울며 이를 갈고 있으리라. 그때에 의인들은 그들의 아버지의 왕국에서 해처럼 빛나리라. 들을 귀 있는 자는 들을지어다.

* 마태복음 22:1~7
또 예수께서 대답하여 그들에게 다시 비유로 일러, 말씀하시기를 "천국은 마치 자기 아들을 혼인시킨 어떤 왕과 같으니 왕이 혼인 잔치에 초대받은 사람들을 불러오라고 자기 종들을 보냈으나 그 사람들은 오려고 하지 아니하였느니라. 다시 그가 다른 종들을 보내면서 말하기를 '초대받은 자들에게 말하라. 보라, 내가 만찬을 준비하였고, 내 소와 살진 짐승을 잡았으며, 또 모든 것이 준비되었으니 혼인식에 오라 하라.'고 일렀느니라. 그러나 그들은 개의치 아니하고 어떤 사람은 자기 밭으로, 또 어떤 사람은 장사하러 갔으며 남은 자들은 그 종들을 붙잡아 모욕을 주고 죽였느니라. 왕이 이 말을 듣고 분노하여 자기 군대를 보내어 그 살인자들을 죽이고 그들의 성읍을 불살라 버렸느니라.

천국 = 좋은 씨를 뿌린 사람 = 인자(예수) = 어떤 왕(하나님)

천국에 대한 예수님의 정의는 사람들이 생각하는 어떤 낙원 같은 곳이 아니고 하나님과 예수님 바로 그 자체이다. 따라서 천국을 소망한다는 것은 하나님이 주시는 선물이 아닌 하나님 자체를 소망하는 것이 되어야 한다. 그러고 나면 예수님의 다음 말씀을 이해하게 된다.

* 요한복음 17:3
영생은 이것이니, 곧 사람들이 유일하시고 참 하나님이신 아버지와 아버지께서 보내신 예수 그리스도를 아는 것이옵니다.

여기에서 안다는 것은 존재에 대한 인식의 문제가 아니고 인격적 관계를 통한 순종을 의미한다.
그리스도께서 재림하신 후 최후 심판이 이루어지고 나면 하나님께서 준비하신 새 하늘과 새 땅이 시작될 것이다. 하나님께서 함께 거하시는 곳, 바로 그곳이 하나님의 나라가 된다.
그리스도의 재림 후, 새 하늘과 새 땅이 시작되기 전에 천년 왕국의 도래가 예고되어 있다. 왜 천년 왕국이 필요할까? 그리스도의 재림과 함께 즉시 새 하늘과 새 땅을 시작하시면 안 되는 것일까?

천년 왕국은 새 하늘과 새 땅을 시작하기 전에 지구 상에 존재했던 모든 사람에 대한 심판의 기간이 아닐까? 계시록과 복음서에 기록된 말씀은 그 가능성에 무게를 둔다.

* 계시록 20:4
또 내가 보좌들을 보니, 그들이 그 위에 앉았는데 심판이 그들에게 주어졌더라. 또 예수에 대한 증거와 하나님의 말씀으로 인하여 목베임을 당한 사람들의 혼들도 보았는데, 그들은 그 짐승에게나 그 형상에게 경배하지 아니하였을 뿐만 아니라 그의 표를 그들의 이마 위에나 손에도 받지 아니하였더라. 그러므로 그들은 살아서 그리스도와 함께 천 년을 통치하더라.

* 마태복음 25:31~32
인자가 그의 영광 중에 오고, 또 모든 거룩한 천사들이 그와 함께 오면 그때에 그가 그의 영광의 보좌에 앉으리니 그 앞에 모든 민족들을 모아 놓고 마치 목자가 양들을 염소들에서 갈라놓듯이 그들을 따로 갈라놓으리라.

* 요한복음 5:27~29
또 아버지께서는 아들에게 심판하는 권세를 주셨으니 이는 그가 인자임이라. 이를 이상하게 여기지 말라. 무덤들 속에 있는 모든 자들이 그의 음성을 들을 때가 오나니 선을 행한 자는 생명의 부활로, 악을 행한 자는 저주의 부활로 나오리라.

지구상에 존재했던 모든 민족 모든 사람을 다 심판하려면 천년이라는 기간도 넉넉한 것은 아니다.
적당히 선하게 살다가 죽으면 하나님 나라에 갈 거라는 생각은 순진하다. 예배당에 열심히 다니고 직분도 가졌으니 될 거라는 생각은 안일하다. 영생의 축복이 그렇게 쉽게 주어질 것 같은가?

길은 매우 좁다.

자기를 완전히 부인하고 성령으로 거듭나서 하나님께 온전히 순종하는 것! 그중에서도 계명은 가장 중요하다. 하나님 나라에서는 모든 사람이 하나님을 사랑하고 그분의 계명도 모두 사랑하기 때문이다.

진리는 순종할 때만 깨닫게 된다.

    기독교가 로마 국교가 된 후, 하나님의 진리를 가리는 가장 큰 잘못은 태양의 날인 일요일을 예배일로 정한 것이다. 그리고 안식일은 잊혔다.

    이는 인간의 전통으로 하나님의 계명을 폐지한 사례가 된다. 그 결과 하나님께서 예정하신 그리스도의 재림에 대한 진리를 깨닫지 못하게 되었다. 로마 가톨릭에서 시작된 잘못된 전통은 결국 개신교에도 이어지고 현재는 일부 종파를 제외하고는 안식일을 기억하지 않는다.

    일요일 예배 전통은 너무나 오래되고 강고하여 이를 주장하는 많은 근거를 제시하곤 한다. 하지만, 하나님의 심판대 앞에 가면 상황은 매우 당황스러울 것이다.

    일요일이 안식일을 대체하려면 두 가지 성경적 근거가 있어야 한다. 첫째는 하나님께서 일곱째 날에 더하여 일요일도 거룩하게 하셔야 한다. 거룩한 모임은 거룩한 날에 이뤄져야 하기 때문이다. 둘째는 부활하신 그리스도께서 친히 안식일 대신 일요일 예배를 명령하셨어야 한다. 하지만, 성경 어디에도 그러한 기록은 없다. 사도 바울의 사례를 보자.

    ★ 사도행전 16:13~14
    그런데 안식일이 되어 늘 기도를 드리던 성읍 밖 강가에 나가 앉았다가 모여든 여인들에게 말씀을 전하였느니라. 거기에 루디아라고 하는 여인이 있었는데 두아디라 성읍의 자주 옷감 장수로 하나님을 경배하는 여인이었으며 우리의 말을 듣더라. 주께서 그녀의 마음을 열어 바울이 말한 것에 주의를 기울이게 하시니라.

* 사도행전 17:2~4
바울은 습관대로 그들에게 가서 세 안식일에 걸쳐 성경을 가지고 그들과 변론하며, 그리스도께서 고난을 당하셔야 했던 것과 죽은 자들로부터 다시 살아나셔야 했음을 설명하고 입증하면서 "내가 여러분에게 전하는 이 예수가 바로 그리스도라."고 하자 그들 가운데 몇 사람이 믿고 바울과 실라를 따랐으며 경건한 헬라인들의 큰 무리와 적지 않은 수의 저명한 부인들도 그리하니라.

* 사도행전 18:4
그가 안식일마다 회당에서 변론하며 유대인들과 헬라인들을 설득시키니라.

예수님의 승천 후, 사도들은 하나님의 계명을 지켰고 그 가운데 하나인 안식일 또한 계속 지켰음을 알 수 있다.
어떤 선생들은 계시록에 기록된 주의 날을 현재의 일요일이라고 주장하기도 한다.

* 계시록 1:10
내가 주의 날에 성령 안에 있었으며 나팔 소리 같은 큰 음성을 내 뒤에서 들었는데

하지만 계시록에 기록된 주의 날은 안식일을 의미한다. 안식일 논쟁에서 하신 예수님의 말씀이 그러하다. 안식일의 주인은 예수님이라고 하셨는데 이는 곧 주의 날이 안식일이라는 말씀이다.

* 마태복음 12:5~8
뿐만 아니라 제사장들이 안식일이면 성전 안에서 안식일을 범해

도 죄가 되지 않는다는 것을 너희가 율법에서 읽어 보지 못하였느냐? 그러나 내가 너희에게 말하노니, 그 성전보다 더 위대한 이가 여기 있느니라. '나는 자비를 원하고 희생제를 원치 아니하노라.'는 그 의미를 너희가 알았다면 무죄한 사람을 정죄하지 아니하였으리라. 인자는 곧 안식일의 주니라."고 하시더라.

초대교회 시절에 주일이라는 용어는 잘 쓰이지 않았고 그나마도 안식일을 지칭했다.

예수 부활 후, 모든 날이 다 안식일이라는 근거 없는 주장을 하는 사람들도 있다. 모르면 그냥 모른다고 하는 것이 덜 위험하다. 잘못 배운 전통을 고집하기 위하여 성경에도 없는 말을 지어내서는 안 된다.

어떤 선생들은 예수께서 부활하신 날이 일요일이므로 일요일을 예배일로 지켜야 한다고 주장한다. 과연 예수님은 일요일에 부활하셨을까?

예수께서 그 주의 첫날 무덤 앞에서 마리아에게 모습을 보이신 기록은 있지만, 부활이 일요일이라는 기록은 없다. 성경을 자세히 분석하면 그리스도의 십자가 사건은 A.D.33년 금요일이 아니고 A.D.30년 수요일이었음을 알 수 있다. 성경의 기록을 자세히 검토해 보자.

십자가 사건의 재구성

예수님의 십자가 사건은 A.D.33년 학설 또는 A.D.30년 학설로 나뉜다. A.D.33년 학설이 신학계에서는 주류를 이루고 있다.

A.D.30년을 전후한 연도의 유월절(아빕/니산 14일 저녁)을 태양력으로 환산하면 다음과 같다.

연도	요일	태양력 날짜
A.D.28	월	3월 28일
A.D.29	토	4월 14일
A.D.30	수	4월 3일
A.D.31	월	3월 24일
A.D.32	월	4월 12일
A.D.33	금	4월 1일
A.D.34	월	3월 20일

가. A.D.33년 학설

A.D.33년 유월절은 금요일이다. 그래서 대다수 기독교인은 예수께서 금요일에 돌아가셨다고 배웠다. 그리고 무교절 안식일이 정기 안식일인 토요일과 겹치기 때문에 안식 후 첫날, 즉 일요일 새벽에 예수께서 부활하신 것으로 이해한다.

요일	화	수	목	금	토	일
태양력	3/29	3/30	3/31	4/1	4/2	4/3
아빕/니산	11	12	13	14	15	16
절기				유월절	무교절안식일 정기안식일	초실절
사건			마지막 성찬	십자가 사건		부활
기록			요13:1			막16:1 향료를 사다 막16:2 무덤에 가다

하지만, 이 학설은 성경의 두 가지 기록과 모순된다.

첫째, 예수께서 사흘 낮 사흘 밤을 무덤 속에 계실 것이라는 예언과 일치하지 않는다. 금요일 저녁에 무덤에 장사 된 후 일요일 새벽에 부활해서 무덤을 나오신다면, 사흘 낮 사흘 밤(72시간)이 아니고 하루 낮 이틀 밤(36시간)이 되기 때문이다.

* 마태복음 12:40
요나가 사흘 낮과 사흘 밤을 고래 뱃속에 있었듯이, 인자도 그처럼 사흘 낮과 사흘 밤을 땅의 심장 속에 있을 것이라.

두 가지 해석이 가능하다. 예수께서 실제보다 더 부풀려 말씀하셨거나 아니면 십자가 사건이 금요일에 발생하지 않은 것이다.

둘째, 마가복음 16장의 기록과 어울리지 않는다.

* 마가복음 15:46~16:2
요셉이 세마포를 사 가지고 와서 주를 내려 세마포로 싼 후 바위를 파서 만든 무덤에 안치하고 나서 무덤 문에 돌을 굴려 놓으니 막달라 마리아와 요세의 모친 마리아가 주를 둔 곳을 보더라. 안식일이 지난 후, 막달라 마리아와 야고보의 모친 마리아와 살로메가 좋은 향료를 샀으니 이는 주께 와서 붓고자 함이더라. 그 주의 첫날 아주 이른 아침 해가 뜰 무렵 그들이 무덤에 왔더라.

안식일이 지난 후 마리아가 좋은 향료를 샀다고 되어 있는데, 뭔가 석연찮다. 만약 막 16:1의 안식일이 토요일이라면 일요일 새벽에 무덤에 달려가기 전에 향료를 사야 하는데 그 시절의 혼란스러운 밤 상황을 고려해 보면 이는 합리적 설명이 될 수 없다. 전기가 일상화된 지금과는 달리 어둠이 내리면 여자들에게는 위험한 시대였다. 더구나 그때는 정치적 소요의 가능성과 십자가 처형 등으로 사회적 분위기가 살벌했다.

나. A.D.30년 학설

A.D.30년 유월절은 수요일이다. A.D.30년 학설의 유월절 주요 사건은 다음과 같이 요약할 수 있다.

요일	화	수	목	금	토	일
태양력	4/2	4/3	4/4	4/5	4/6	4/7
아빕 니산	13	14	15	16	17	18
절기		유월절	무교절 안식일	초실절	정기 안식일	
사건	마지막 성찬	십자가 사건		부활		
기록	요13:1			막16:1 향료를사다		막16:2 무덤에 가다

예수께서는 유월절인 수요일에 돌아가시고 그날 저녁에 가까운

무덤에 안치된다. 그다음 날 목요일은 무교절 안식일이므로 모든 사람이 명절을 지킨다. 매주 제7일은 정기 안식일이지만 주요 명절 (무교절, 나팔절, 대속죄일, 장막절)은 큰 안식일이었기 때문이다. 무교절 안식일 다음 날인 금요일에 마리아가 향료를 산다. 정기 안식일인 토요일 전날이므로 향료를 구할 수 있었다. 그래서 막 16:1의 안식일은 토요일 정기 안식일이 아니고 무교절 안식일 즉 목요일이 된다.

정리해 보면, 마리아는 수요일 오후 십자가 사건 후, 무교절 안식일(목요일)에 안식하고 금요일에 향료를 구입한다(막 16:1). 그리고 다시 정기 안식일인 토요일에 안식한 후, 첫날(일요일) 이른 아침에 무덤에 간다(막 16:2). 막 16:1의 안식일(무교절 안식일)과 막 16:2 그 주의 첫날 사이에 금요일과 정기 안식일인 토요일이 끼어있었다.

* 마가복음 16:1~2

안식일이 지난 후, 막달라 마리아와 야고보의 모친 마리아와 살로메가 좋은 향료를 샀으니 이는 주께 와서 붓고자 함이더라.

(금요일과 정기 안식일인 토요일이 끼어있었다.)

그 주의 첫날 아주 이른 아침 해가 뜰 무렵 그들이 무덤에 왔더라.

A.D.33년 학설에서 설명하지 못한 사흘 낮 사흘 밤의 예언은 어떻게 될까?

예수께서 수요일 저녁에 장사 되시고 토요일 밤에 무덤을 나오신다면, 사흘 낮 사흘 밤 예언과 일치하게 된다. 수, 목, 금의 밤과 목, 금, 토의 낮이 다 지나가면, 토요일 밤이 되는 순간 사흘 낮과 사흘 밤이라는 기간이 채워지기 때문이다.

예수께서 수요일 저녁에 장사 되신 후부터 일요일 새벽까지 무덤 속에서 발생한 사건을 목격한 사람은 아무도 없다. 사흘 만에 부활하리라는 예언은 만 3일이 지나서 부활한다고 해석할 수도 있고, 3일째 되는 날 부활한다고 해석할 수도 있다. 만 3일이 지나서 부활한다면 토요일 오후 3~4시쯤 될 것이고, 3일째 부활한다면 초실절 즉 아빕(니산) 16일인 금요일에 부활한 것이 된다. 어느 경우라도 일요일 부활은 아니다.

* 마태복음 20:18~19
"보라, 우리가 예루살렘에 올라가면 인자가 선임 제사장들과 서기관들에게 넘겨질 것이며, 그러면 그들이 그에게 사형을 선고하리라. 또 그들이 그를 이방인들에게 넘겨주어 조롱하고 채찍질하며 십자가에 못 박으리라. 그러나 셋째 날에 그가 다시 살아나리라."고 하시더라.

십자가에서 돌아가신 수요일을 첫째 날로 본다면 금요일이 셋째 날이 되며, 이는 하나님의 절기인 초실절과 일치한다. 금요일(초실절)의 부활이라면, 성경에 기록된 부활의 첫 열매가 되신 것이다.

* 고린도전서 15:20
그러나 이제 그리스도께서는 죽은 자들로부터 살아나셔서 잠들었던 자들의 첫 열매들이 되셨느니라.

셋째 날에 부활하실 것이라는 말씀과 사흘 낮 사흘 밤을 땅의 심장 속에 있을 것이라는 말씀을 분리해서 생각해 보자. 언뜻 들으면 같은 말씀 같지만, 자세히 생각해 보면 약간 다르다.
초실절인 금요일에 부활하신 후 동굴 무덤 속에서 정기 안식일인 토요일을 보내시고 무덤에서 나오셨다면, 셋째 날 부활과 사흘 밤 사흘 낮을 땅의 심장 속에 있을 것이라는 예언이 모순되지 않고 모두 완성된다. 그 시대 유대인들은 동굴 무덤 속에 시신을 안치했기 때문에 가능한 일이었다.

혹자는 이렇게 말할지도 모른다. 부활했으면 됐지, 그게 금요일이든 일요일이든 무슨 차이가 있느냐고?

역사에 기록된 진실들을 바로 알고 나면 부활의 요일은 매우 중요하다는 것을 깨닫게 된다. 출애굽과 십자가 사건, 그리고 그리스도의 재림과 관련해서, 하나님께서는 달의 패턴을 따라 수천 년에 걸친 신비한 청사진을 예비해 두셨다. 이 책은 그 신비를 밝히기 위해서 시도되었고, 이 책의 후반부에 그 상세한 내용을 밝혀두었다.

창세기 기록에 따르면 하나님께서 사람을 창조하신 것은 제6일이며 사람은 창조되자마자 안식일을 맞게 된다. 만약 하나님께서 초실절의 부활 직후 정기 안식일이 되도록 처음부터 예정해 두신 것이라면, 아담의 창조와 그리스도의 부활이 모두 안식일 전 제6일에 진행된다는 공통점을 갖게 된다. 첫 사람 아담이 창조된 다음 날 안식일을 맞게 된 것처럼, 마지막 아담 그리스도도 부활 후 다음 날 안식일을 맞게 된 것이다.

* 고린도전서 15:45
따라서 이와 같이 기록되었으니 "첫 사람 아담은 살아 있는 혼이 되었느니라." 함과 같이 마지막 아담은 살려 주는 영이 되었느니라.

* 고린도전서 15:47
첫째 사람은 땅에서 나서 흙으로 만들어졌으나 둘째 사람은 하늘에서 나신 주시니라.

그래서, 정리하면 다음과 같다.

예수께서 A.D.30년 유월절인 수요일에 돌아가시고, 3일째 되는 금요일(초실절)에 부활하신 후 토요일(정기 안식일)에는 동굴 무덤 속에 계시다가, 토요일 일몰 후 무덤에서 나가시고 일요일 아침 일찍 마리아에게 그 모습을 나타내셨다.

안식일의 목적은 거룩한 모임

안식일의 가장 중요한 목적은 거룩한 모임이다. 이를 위해서 자유자나 종이나 이방인이나 가축까지도 쉼을 명령하신 것이다. 모든 존재에게 안식이 허락되지 않으면 결국 누군가는 거룩한 모임에 참여할 수 없게 된다. 만약 자유자들에게만 안식일을 명령하셨다면 힘없는 자들은 안식 없이 일하고 하나님의 거룩한 모임에 참여할 수 없게 된다. 따라서 안식일의 궁극적 목적은 모든 사람이 하나님 앞에 나아와 그분을 기억하고 거룩한 모임에 참여할 수 있도록 기본적인 사회 시스템을 제공하는 것이다. 레위기에 따르면 절기를 포함한 모든 안식일에는 반드시 거룩한 모임이 동반된다.

* 레위기 23:1~7
주께서 모세에게 일러 말씀하시기를 "이스라엘 자손에게 고하여 그들에게 말하라. '너희가 거룩한 모임으로 선포할 주의 명절들에 관해서라. 이것이 나의 명절들이니라. 육일 동안은 일할 것이나 일곱째 날은 쉼의 안식일이니 거룩한 모임이 있느니라. 너희는 그날에는 일하지 말라. 이것이 너희 모든 거처에서 주의 안식일이니라. 주의 명절들은 이러하니, 곧 거룩한 모임으로 삼아 그들의 시기에 따라 너희가 공포할지니라. 첫째 달 십사일 저녁은 주의 유월절이니라. 같은 달 십오일은 주께 무교절이니 칠일 동안 너희는 누룩 없는 빵을 먹을지니라. 첫째 날에는 너희가 거룩한 모임을 가질 것이며, 그날에는 어떤 육체노동도 하지 말지니라.

★ 레위기 23:23~28
주께서 모세에게 일러 말씀하시기를 "이스라엘 자손에게 고하여 말하라. '일곱째 달, 그 달의 첫날에 안식일을 삼고 나팔들을 불어 기념일과 거룩한 모임을 삼을지니라. 너희는 그날에 어떤 육체노동도 하지 말고, 주께 불로 드리는 제사를 드릴지니라.'" 하시니라. 주께서 모세에게 일러 말씀하시기를 "이 일곱째 달 십일은 속죄일이 되리니 너희에게 거룩한 모임이 되리라. 너희는 너희 혼들을 괴롭게 하고 주께 불로 드리는 제사를 드릴지니라. 그날에 너희는 아무 일도 하지 말지니 이는 그날이 너희를 위하여 주 너희 하나님 앞에 속죄하는 속죄일임이라.

　율법의 근본은 사랑이지만, 유대인들은 율법주의로 빠지게 되었다. 반면에 기독교는 율법주의를 폐하면서 계명에 대한 중요성을 망각하였다. 그 결과 안식일을 버리고 일요일 예배라는 인간의 전통을 받아들였다. 누구는 일요일이나 안식일이나 무슨 차이가 있겠냐고 반문하겠지만, 하나님의 원대한 구속사를 이해하기 위해서는 안식일과 절기에 숨겨진 진리를 깨달아야 한다.
　안식일을 얘기하면 대부분 율법주의로 반응한다. 계명이 사랑이므로 안식일도 사랑임을 깨닫는 것이 중요하다.
　안식일 계명은 계명 중에서도 작은 계명이 아니다. 창조주께서 정하신 역사와 시간에 관한 법이기 때문이다. 그래서 안식일 계명이 효도, 살인, 간음, 도적질, 거짓 증거, 탐심에 관한 계명들보다 앞에 위치한다.
　계명을 묵상하면 묵상할수록, 다른 종교에서는 찾을 수 없는 안식일의 신비로움을 깨닫게 된다. 사람들에게 안식일을 명함으로써 하나님은 하나님이심을 확증하셨다.

절기는 하나님의 청사진

갈라디아서와 골로새서에 기록된 두 가지 구절을 비교해 보자.

* 갈라디아서 4:8~11
그러나 그때에는 너희가 하나님을 알지 못하여 본질상 신들이 아닌 것들에게 종 노릇 하였더니 이제는 너희가 하나님을 알았고 오히려 하나님께 알려졌는데 어찌하여 너희는 약하고 천한 초등학문으로 다시 돌아가 거기서 다시 종 노릇 하기를 원하느냐? 너희는 날과 달과 절기와 해를 지키는도다. 나는 내가 너희를 위하여 수고한 것이 헛될까 두려워하노라.

* 골로새서 2:16~17
그러므로 음식으로나 마시는 것으로나 거룩한 날이나 새 달이나 안식일들에 관해서는 아무도 너희를 판단하지 못하게 하라. 이런 것들은 다가올 것들의 그림자이나 몸은 그리스도의 것이니라.

사도 바울은 두 편지에 각각 다른 표현을 사용하고 있다.

갈라디아서	골로새서
날/달/절기/해	거룩한날/새달/안식일들

갈라디아서에서 사도 바울이 지적한 날/달/절기/해는 모두 태양과 달을 섬기는 이방 종교의 기념일이다. 그래서 본질상 신이 아닌 것들 즉 태양과 달을 경배하던 과거의 풍습을 그대로 유지하는 갈라디아 교인들에게 경고한 것이다.

한편, 골로새서에는 거룩한 날, 새 달, 안식일들이라는 표현을 사용하는데 이것은 골로새 교인들이 하나님의 절기들을 지키고 있음을 나타낸다. 그래서 거룩한 날, 새 달, 안식일들이 그리스도의 그림자라고 가르치고 있다. 스승의 그림자도 밟지 않는다는 속담처럼 그리스도의 그림자라면 마땅히 존중되어야 하지 않겠는가?

사도 바울은 갈라디아 교인들에게는 이방 종교(태양과 달)의 기념일을 지키는 것이 망령된 것이라고 경고하고, 반대로 골로새 교인들에게는 하나님의 절기(명절)를 지키는 것이 곧 그리스도를 소망하는 것이라고 격려하였다. 그래서 편지에 등장하는 표현이 다르다. 표현은 비슷하지만, 문맥상 내용은 완전히 반대이다.

골로새서에 등장하는 거룩한 날, 새 달, 안식일들 중에서 새 달은 월삭(음력 초하루)을 의미하는데, 이 규례는 모세 오경에는 나오지 않는다. 구약에 정통한 바울이 에스겔의 환상에 등장하는 이상적인 성전에 관한 구절을 참조한 것으로 추측된다. 초승달이 뜨는 월삭은 왕의 행차와 관련 있다. 특히 일곱째 달 첫째 날(나팔절)은 그리스도의 재림을 상징하기 때문이다.

* 에스겔 46:1~3
주 하나님이 이같이 말하노라. 동쪽을 바라보는 안쪽 뜰의 대문은 일하는 육일 동안은 닫아 둘 것이나, 안식일에는 열어 두고, 또 새 달의 날에도 열어 둘지니라. 통치자는 바깥 대문의 현관 길로 들어와서 대문의 문설주 옆에 설 것이요, 제사장들은 통치자의 번제물과 화목제물을 준비할 것이며 통치자는 대문의 문지방에서 경배한 후 나갈 것이라. 그러나 대문은 저녁까지 닫지 말지니라. 이 땅의 백성도 마찬가지로 안식일들과 새 달들에 이 대문의 문간에서 주 앞에 경배할지니라.

콘스탄티누스 황제의 기독교 공인 후, 로마에서 교세를 확장한 기독교는 반유대교 색채를 강하게 가지게 되었다. 그 결과 안식일과 하나님의 절기를 유대인의 것으로 여겨 배척하였다. 하지만, 성경의 기록에 따르면 하나님께서 유대인에게 명하신 절기는 처음부터 유대인의 것이 아니고 역사의 주인이신 하나님의 것이다!

하나님의 명절은 예수그리스도의 십자가와 재림을 통하여 인류 구원을 완성하시는 하나님의 거대한 청사진인데, 기독교는 반유대주의에 물들어 정작 중요한 진리를 망각하게 된 것이다. 그 결과 크리스마스, 부활절, 추수감사절 같은 인간의 전통들로 하나님의 구속사를 가리고 있다. 문제는 이런 절기들이 성경에 기록된 것이 아니고 로마 기독교 공인 후 태양교의 흔적을 따라 기독교에 접목되었다는 것이다.

예수께서는 유월절 다음다음 날에 부활하셨는데 기독교의 부활절은 왜 춘분과 관련이 있는가? 크리스마스는 왜 동지와 관련되어 있는가? 이 모든 것은 하나님의 시간표를 무시하고 그 당시 유럽에 만연한 태양교의 영향을 받았기 때문이다. 하나님의 진리를 망각한 곳에 결국 잡초가 자랐다.

예수께서 십자가를 지신 것은 하나님의 명절 중 첫 번째인 유월절이었다. 부활은 초실절의 사건이고 성령 강림은 오순절에 일어났다. 그 중요성을 깨닫는 것이 하나님의 구속사를 이해하는 첫걸음이다. 그리고 나면 나팔절, 대속죄일, 장막절로 예고된 재림과 최후 심판, 그리고 새 하늘과 새 땅에 대한 예언을 바르게 이해할 수 있다.

대부분 기독교인은 일요일 예배 전통을 쉽게 벗어나지 못할 것이다. 일요일 예배 전통으로 인하여 안식일은 잊히고 그 결과 살아 계신 하나님께 온전히 순종하지 못한다. 안타까운 일이다.

인간의 전통으로 하나님의 계명을 폐지하는 것에 대한 예수님의 경고를 무시하지 말라! 왜냐하면, 마지막 날 심판의 기준이 되는 것은 교회의 잘못된 가르침이 아니고 예수께서 남기신 말씀이기 때문이다.

> * 요한복음 12:48
> 나를 거절하고 내 말들을 받아들이지 아니하는 자는 그를 심판할 이가 있으니, 곧 내가 말한 그 말이 그를 마지막 날에 심판하리라.

반복되는 순간이 영원을 결정한다.

누군가를 판단할 때는 말보다 발을 보라는 격언이 있다. 남들이 보지 않을 때 사람들은 결국 자기가 믿는 대로 행동한다. 그러나 사람들이 보지 못해도 하나님은 보고 계신다.

예수를 영접하고 나면, 자기를 부인하고 하나님의 말씀에 따라 살아야 한다. 그래서 하루하루 하나님의 계명을 지키며 하나님의 사랑 안에서 살아야 한다. 반복되는 순간들 즉 계명을 지켜 성령의 열매를 맺는 것, 그 순간들이 모여 마지막 심판 날에 자신의 영원을 결정한다.

* 계시록 20:11~13
또 내가 큰 백보좌와 그 위에 앉으신 분을 보니, 그의 면전에서 땅과 하늘이 사라졌고 그들의 설 자리도 보이지 않더라. 또 내가 죽은 자들을 보니, 작은 자나 큰 자나 하나님 앞에 서 있는데, 책들이 펴져 있으며 또 다른 책도 펴져 있는데 그것은 생명의 책이라. 죽은 자들은 자기들의 행위에 따라 그 책들에 기록된 대로 심판을 받더라. 바다도 그 안에 있던 죽은 자들을 넘겨주고 또 사망과 지옥도 그들 안에 있던 죽은 자들을 넘겨주니 그들이 각자 자기들의 행위에 따라 심판을 받으며

입술의 고백만으로 하나님 나라에 들어갈 수 있다는 말을 믿지 말라. 십자가의 무시무시한 고난은 그처럼 단순하지 않다. 귀에 달콤한 기복 설교는 일시적 위로가 될 수는 있을지 몰라도 결국 사람들의 영원한 운명을 망치게 된다.

축복과 저주

무엇이 축복이고 무엇이 저주인가? 사람들의 기준과 하나님의 기준이 다르다.

* 말라기 2:1~5
오 너희 제사장들아, 이제 이 계명은 너희를 위한 것이니라. 너희가 만일 듣지 아니하고 마음에 두지 아니하여 내 이름에 영광을 돌리지 아니하면, 만군의 주가 말하노니, 내가 너희에게 저주를 보낼 것이요 내가 너희의 복들을 저주하리라. 정녕 내가 이미 그것들을 저주하였나니 이는 너희가 그 계명을 마음에 두지 아니함이라. 보라, 내가 너희의 씨를 썩게 하고 너희 얼굴에는 똥, 곧 너희 엄숙한 명절의 똥을 바르리니, 사람이 너희를 그 똥과 함께 치워 버리리라. 그러면 내가 이 계명을 너희에게 보내어 나의 언약이 레위와 함께한 것을 너희가 알게 되리라. 만군의 주가 말하노라. 레위와 세운 나의 언약은 생명과 화평의 언약이라. 내가 그것들을(계명들을) 그에게 준 것은 두려워함을 위한 것이니 그가 그것으로 나를 두려워하였고 내 이름 앞에서 두려워하였도다.

하나님의 저주를 받은 사람은 하나님을 두려워하지 않고 계명을 존중하지 않는 자라고 경고한다. 반대로 말하면 하나님의 축복을 받은 사람은 하나님을 두려워하고 그 계명을 존중하는 자라는 말씀이다. 건강, 재물, 명예 등은 선물에 불과한 것이지 진정한 축복은 아니다. 기복 신앙이 최대 장애물이다. 많은 그리스도인이 기복 신앙이라는 올무에 붙들려 있지만 깨닫지 못하고 있다.

미쉬파트, 체다카, 헤세드

계명을 지켜 살면 하나님의 거룩하심을 깨닫게 된다. 거룩하신 하나님의 인격적 특성은 히브리어로 미쉬파트(Mishpat), 체다카(Tzetakah), 헤세드(Hesed)로 표현된다. 미쉬파트는 공의로 번역할 수 있고, 체다카는 정의, 자비 또는 긍휼로 번역할 수 있다.

> ★ 이사야 56:1~2
> 주가 이같이 말하노라. 너희는 공의(미쉬파트)를 지키며 정의(체다카)를 행하라. 이는 나의 구원이 올 때가 가까우며, 나의 의가 나타날 때가 가까움이라. 이것(정의)을 행하는 사람과 그것(공의)을 붙드는 사람의 아들은 복이 있도다. 안식일을 더럽히지 아니하고 지키는 자와 자기 손을 악한 행실로부터 지키는 자는 복이 있도다.

미쉬파트(공의)는 사회 전체를 유지하기 위한 상위 개념의 질서를 의미하고, 체다카(긍휼)는 불완전한 인간들 사이에 필요한 공감을 요구한다.

공의의 특성은 계명에 잘 표현되어 있다. 핵심은 남의 것을 부당하게 침범하지 않고 화평을 유지하는 것이다. 긍휼은 사람을 도구로 보지 않고 하나님의 형상을 닮은 인간으로 대하는 것이다. 그래서 긍휼은 어려움에 처한 이웃을 형제처럼 대하게 한다.

부자나 가난한 자나 힘 있는 자나 약한 자 모두에게 공통으로 요구되는 것은 공의다. 하지만, 부자나 힘 있는 자에게는 긍휼도 요구된다. 왜냐하면 부하거나 권력이 있을 때 공의를 지키는 것은 비교적 쉽기 때문이다.
 공의와 긍휼은 상호보완적으로 작용해야 한다. 긍휼 없는 공의는 무자비하고 공의 없는 긍휼은 무질서하기 때문이다. 공의로우신 하나님의 심판을 두려워하되, 긍휼의 마음가짐을 잊어서는 안 된다. 예수께서는 공의와 긍휼의 균형을 잡아 주셨다.

 * 마태복음 5:6~7
 의에 굶주리고 목마른 자들은 복이 있나니, 그들이 배부를 것임이요(공의), 자비로운 자들은 복이 있나니, 그들이 자비를 얻을 것임이요(긍휼)

 현대 기독교의 가장 큰 문제점은 공의 없이 사랑과 위로만을 전한다는 것에 있다. 그래서 계명을 무시하고 하나님을 두려워하지 않는 무늬만 그리스도인들의 수가 점점 불어나게 되었다.
 미쉬파트와 체다카를 넘어서는 하나님의 인격적 특성 중 다른 하나는 헤세드이다. 헤세드는 언약적 관계에 있는 자에게 보여주는 신실한 사랑을 의미한다. 출애굽 후, 끊임없이 불순종하는 이스라엘 백성에게 베푸신 하나님의 사랑이 바로 헤세드이다. 헤세드는 용서와 인내를 근본으로 한다. 비록 불순종하고 끊임없이 실망을 시키지만 하나님께서 언약하셨기 때문에 그 언약 안에서 끝까지 신실한 사랑을 베푸신다.
 요한복음 3:14~16은 하나님께서 인간들에게 베푸신 미쉬파트, 체다카, 헤세드에 대한 위대한 표현이다.

 * 요한복음 3:14~16
 모세가 광야에서 뱀을 들어 올린 것같이 인자도 그렇게 들려 올려져야만 하리니(미쉬파트) 이는 그를 믿는 사람은 누구든지 멸망하지 않고 영생을 얻게 하려 함이니라. 하나님께서 세상을 이처럼 사랑하셔서 그의 독생자를 주셨으니(체다카), 이는 그를 믿는 사람은 누구든지 멸망하지 않고 영생을 얻게 하심이니라. 하나님께서 자기 아들을 세상에 보내신 것은(헤세드) 세상을 정죄하려 하심이 아니요, 그를 통하여 세상이 구원받게 하려 하심이라.

인자가 들린다는 것은 죄의 삯은 사망이라는 공의의 실현을 의미한다. 죄와 함께 할 수 없는 거룩하신 하나님의 미쉬파트를 선포하는 부분이다.

하나님께서 그 공의를 실현하기 위해 자기 아들을 내어주신 것은 체다카 즉 인간을 향한 하나님의 긍휼을 보여주신 것이다. 죄인이 스스로를 구원할 수 없기에 하나님께서 자기 아들을 대신 십자가에 내어 주셨다.

그리고 자기 아들을 세상에 보내신 것은 하나님께서 아브람에게 하신 언약(네 씨 안에서 땅의 모든 민족이 복을 받으리니, 창 22:18)에 따른 신실한 사랑의 실천 즉 헤세드를 보여주신 것이다.

따라서 그리스도의 십자가 사건은 공의와 긍휼 그리고 죄인 된 인간들에게 보여주신 하나님의 신실한 사랑이 모두 포함된 역사상 가장 위대한 사건이 된다.

성령으로 거듭나서 하나님을 경외하고 예수그리스도를 구세주로 영접한 하나님의 자녀들은 빛과 어둠이 공존하는 이 세상에서 하나님의 나라를 이미 살기 시작한다. 그래서 공의와 긍휼 그리고 신실한 사랑으로 특징되는 성령의 열매를 맺는다. 겉보기에는 비슷해 보여도 땅에 속한 삶과 전혀 다른 하나님 나라의 삶이 이미 이 땅에서 시작된 것이다. 육에 속한 사람들에게는 미련해 보이지만 성령으로 거듭난 사람들에게만 보이는 생명의 좁은 길이다.

믿음은 인격적 순종

믿음은 존재에 대한 인식의 차원이 아니고 자기를 부인하는 온전한 순종의 문제이다. 마귀들도 예수께서 하나님의 아들 그리스도임을 알고 있다. 사실 하나님과 예수님의 존재에 대해서 제일 잘 아는 피조물이 그들 아니던가? 그러나 그들은 하나님께 불순종하기 때문에 구원받을 수 없는 존재이다.

* 누가복음 4:40~41
해가 기울어 갈 때에 갖가지 병으로 앓는 사람들을 모두 주께로 데려오니, 주께서 그들 각인에게 안수하여 고쳐 주시더라. 또 마귀들도 많은 사람에게서 나가며, 소리 질러 말하기를 "당신은 하나님의 아들 그리스도시니이다."라고 하자 주께서 그들을 꾸짖으시고 그들이 말하는 것을 허락지 아니하시니 이는 그 마귀들이 주가 그리스도인 것을 알고 있기 때문이더라.

완전한 순종과 그에 따른 성령의 열매 없이 믿음의 고백만으로는 하나님 나라에 들어갈 수 없다. 십자가의 고난은 그처럼 가벼운 것이 될 수 없기 때문이다. 예수님의 경고가 그러하다.

* 마태복음 7:21
나에게 '주여, 주여.' 하고 부르는 자마다 다 천국에 들어가는 것이 아니요, 하늘에 계신 나의 아버지의 뜻을 행하는 자라야 되느니라.

보라! 그가 구름들과 함께 오시리니

Ω

Saturday, September 19, 2696

Upon the Mount of Olives, in Jerusalem
31°46'43" N, 35°14'44" E

예수께서 언제 다시 오시는가?

　신구약을 관통하는 하나님의 역사적 순간에는 특별한 시간적 패턴이 있다. 그리고 그 패턴은 달의 형상을 따라 진행된다. 성경에 기록된 증언과 계시를 통해 그 난해한 퍼즐을 맞춰보고자 한다.
　그리스도의 재림을 깨닫기 위해서는 토라(Torah, 모세오경)부터 시작해야 한다. 그리고 구약 선지자들의 예언을 거쳐 신약 사도들의 증언까지 성경 전체에 흩어진 4차원 퍼즐 조각을 모두 확인해야 한다. 비슷비슷해 보이는 조각들 가운데서 꼭 필요한 조각들을 찾고 나면 퍼즐은 완성되고 그리스도의 재림 시기가 도출된다.
　순서는 이스라엘 백성이 출애굽 하면서 계명을 받을 때, 예수께서 십자가에서 돌아가실 때, 그리고 다시 오실 것으로 예측되는 다니엘서 7~12장 해석으로 진행된다. 다니엘서 12장에는 천사의 명령에 의해 마지막 때까지 봉해져 있는 수수께끼 같은 예언이 있다. 이 책은 그 예언에 대한 해석이며, 만약 이 해석이 맞는다면 천사의 봉인은 해제된 것으로 보인다. 결국 마지막 때가 가까워진 것이다.
　독자의 이해를 돕기 위해서는 상세한 설명이 필요하지만, 이 책에서는 핵심만 축약해서 기록하였다. 왜냐하면 그것만으로도 충분히 결론에 도달할 수 있고, 지나치게 자세한 설명은 오히려 퍼즐을 이해하는 데 방해가 되기 때문이기도 하다.
　매우 어렵다. 그래서 여태까지 아무도 완성하지 못했다.
　어려운 수학 문제의 경우, 처음에는 해답을 보아도 쉽게 이해되지 않는다. 하지만, 반복해서 보며 연결 고리를 하나씩 맞춰나가면 결국에는 이해하게 된다. 깨닫고 나면 쉬운 것이 진리 아니던가?

계명을 주실 때

출애굽 연대와 관련해서는 신학자들 사이에 견해가 다양하다. B.C.1461년, B.C.1446년, B.C.1290년 등의 학설이 존재한다. 그중에서 박윤식 목사(1928~2014)가 분석한 출애굽 일정은 주목할 만하다. 왜냐하면, 출애굽 당시의 상황을 날짜 단위로 분석하여 구체적인 일정표를 재현해 냈기 때문이다(참고 도서: 영원한 만대의 언약 계명, 휘선 출판사, 2019).

이스라엘 백성이 이집트를 나와 홍해를 건넌 후, 모세가 시내산을 등정한 것은 모두 8차에 걸쳐서 진행된다. 그리고 그 와중에 하나님으로부터 계명을 받게 된다. 하지만 하나님으로부터 계명을 받을 때 우여곡절이 많았다.

모세가 시내산에 올라서 40일 금식기도를 드리고 첫 번째 돌판(2개 1쌍)을 받게 되지만 아론의 금송아지 사건으로 그 돌판은 깨진다. 그 후 모세가 40일 중보기도를 통해 이스라엘 백성의 죄 사함을 받고, 그 후에 다시 40일 금식기도를 한 번 더 드리고 두 번째 돌판(2개 1쌍)을 받게 된다. 모세는 40일 금식기도를 두 번이나 드렸다.

이스라엘이 이집트를 나온 날(무교절), 모세가 계명과 율법을 선포한 날(칠칠절/오순절), 그리고 중보기도와 두 번째 금식기도 후 두 번째 돌판을 받은 날(대속죄일)은 레위기에 기록된 하나님의 명절과 일치하게 된다. 레위기 23장에 따르면 하나님께서는 이날들을 특별히 하나님의 절기(명절)로 정하시고 이스라엘 백성에게 주어 기록하고 지키게 하신다.

태양은 항상 둥글게 보이지만, 달은 매일 그 모습을 달리한다. 하나님께서는 사람들이 눈으로 식별할 수 있는 달의 형상을 기준으로 하나님의 시간표 즉 절기를 미리 정해 두셨다. 그리고 그 절기에 따라 출애굽의 기적을 보이셨고, 모세에게 계명을 주셨으며, 그 절기에 맞추어 예수의 십자가 사건, 오순절(칠칠절) 성령 강림 사건 그리고 그리스도의 재림 및 최후 심판을 모두 예정해 두셨다. 역사를 돌이켜 보면, 하나님의 절기는 표면적으로는 이스라엘 출애굽 사건의 청사진이지만, 보다 더 크게는 전 인류를 구원하시기 위한 큰 그림이다.

모세가 두 번째 40일 금식기도를 한 것은 다섯 번째 달 30일부터 일곱 번째 달 10일(대속죄일)까지였다. 복음서에는 예수그리스도의 광야 40일 금식이 기록되어 있는데 모세의 두 번째 금식기도와 같은 기간인 것으로 추측된다. 왜냐하면 전통적으로 신앙심 깊은 유대인의 금식 기간이 대속죄일인 욤키푸르(Yom Kippur)를 앞두고 진행되었기 때문이다. 이와 같은 기록으로 미루어 볼 때, 성령의 강한 역사는 주로 하나님의 명절을 따라 이루어졌음을 알 수 있다.

한 가지 주목할 점은 하나님께서 모세에게 명하신 한 해의 시작은 유월절이 포함된 아빕(니산)이고 이는 태양력(그레고리력)으로 환산해 보면 대략 3~4월쯤 된다. 이 기록은 출애굽기 12장에 나오는데, 이때는 이스라엘 백성이 아직 이집트에 있었을 때이다. 하지만 그로부터 천년 뒤, 바벨론 포로 생활에서 돌아온 유대인들은 한 해의 시작을 7번째 달인 티쉬리 1일로 정하고 있으며 이를 로쉬 하샤나(Rosh Hashana, 올해의 머리라는 뜻)라고 부르고 있다. 그리고 종교력 1월은 아빕 대신 니산이라는 이름을 쓴다. 하나님께서 정하신 시간표를 유대인들이 이때부터 일부 변개하였다.

티쉬리 1일은 원래 나팔절(욤테루아, Yom Teruah)인데 이는 하나님께서 정하신 가을 절기의 시작이다. 선지자의 예언을 해석할 때, 시간 계산은 유대인의 변개된 연도 계산법 대신 하나님께서 정하신 원래 기준을 따라 계산해야 오류가 발생하지 않는다. 그래서 한 해의 시작을 태양력 3~4월인 아빕(니산)부터 계산해야 한다.

유대인의 종교력과 주요한 명절을 요약하면 다음과 같다.

월	이름	하나님의 명절	유대인 명절	태양력
1	아빕 (니산)	유월절 14일 무교절 15~21일 초실절 16일		3~4월
2	이야르			4~5월
3	시완	칠칠절(오순절) 6일		5~6월
4	담무스			6~7월
5	아브			7~8월
6	엘룰			8~9월
7	티쉬리	나팔절 1일 대속죄일 10일 장막절 15~21일		9~10월
8	헤쉬반			10~11월
9	키슬레브		수전절 25일	11~12월
10	테벳			12~1월
11	슈밧			1~2월
12	아다르		부림절 14일	2~3월

이 중에서 레위기에 기록되지 않은 유대인의 명절(수전절과 부림절)은 인류를 구원하기 위한 하나님의 시간표와는 무관한 유대인들의 고유 명절이다. 수전절은 B.C.164년 외세를 물리치고 성전을 회복한 것을 기념한 것이며, 부림절은 B.C.5세기 에스더에 기록된 디아스포라 유대인들의 위기 탈출을 기념한 명절이다.

반유대주의의 결과, 교회가 잊어버리고 있는 하나님의 소중한 절기는 레위기 23장에 기록되어 있다. 이 명절들은 원래 이스라엘의 것이 아니고 하나님의 것이라는 사실을 깨닫는 것이 중요하다. 하나님의 인류 구속사 시간표를 이스라엘의 역사 속에 청사진처럼 기록하고 마지막 때까지 보존하신 것이다. 아는 만큼 보인다. 하나님을 더 사랑할수록 레위기의 신비로움을 더 깨닫게 된다.

* 레위기 23:1~44

주께서 모세에게 일러 말씀하시기를 "이스라엘 자손에게 고하여 그들에게 말하라. '너희가 거룩한 모임으로 선포할 주의 명절들에 관해서라. 이것이 나의 명절들이니라. 육 일 동안은 일할 것이나 일곱째 날은 쉼의 안식일이니 거룩한 모임이 있느니라. 너희는 그 날에는 일하지 말라. 이것이 너희 모든 거처에서 주의 안식일이니라. 주의 명절들은 이러하니, 곧 거룩한 모임으로 삼아 그들의 시기에 따라 너희가 공포할지니라. 첫째 달 십사일 저녁은 주의 유월절이니라. 같은 달 십오일은 주께 무교절이니 칠 일 동안 너희는 누룩 없는 빵을 먹을지니라. 첫째 날에는 너희가 거룩한 모임을 가질 것이며, 그 날에는 어떤 육체 노동도 하지 말지니라. 그러나 너희는 칠 일 동안 주께 불로 드리는 제사를 드릴 것이요, 일곱째 날(홍해를 건넌 날)에는 거룩한 모임이 있으니, 그 날에는 어떤 육체 노동도 하지 말지니라.'" 하시니라. 주께서 모세에게 일러 말씀하시기를 "이스라엘 자손에게 고하여 그들에게 말하라. '너희는 내가 너희에게 주는 땅에 들어가서 거기서 수확을 거두면, 너희는 너희 수확의 첫열매들의 단을 제사장에게로 가져올지니라(초실절). 그러면 그가 주 앞에서 그 단을 너희를 위하여 받아들여지도록 흔들지니 안식일 후 다음 날에 제사장은 그것을 흔들지니라. 너희는 너희가 그 단을 흔드는 날 주께 번제로 일 년 된 흠 없는 어린 숫양을 드릴지니라. 거기의 음식제사는 기름으로 섞은 고운 가루 십분의 이를 향기로운 냄새로 주께 불로 드리며, 술붓는 제사로는 포도주 사분의 일 힌을 쓸지니라. 너희는 너희가 너희 하나님께 제물을 가져온 바로 그 날까지 빵이나 볶은 곡식이나 푸른 이삭도 먹지 말지니라. 이는 너희의 모든 처소에서 너희 대대에 걸쳐 영원한 규례가 되리라. 너희는 안식일 후 다음 날, 너희가 흔드는 제사의 단을 가져온 그 날부터 세어서 일곱 안식일을 마칠지니 너희는 일곱째 안식일 이튿날까지 오십 일을 헤아려서 주께 새로운 음식제사를 드릴지니라(칠칠절). 너희는 너희의 거처에서 십분의 이로 만든 흔드는 빵 두 덩어리를 가지고 나올지니 그 빵들은 고운 가루로 만들어 누룩을 넣어서 구울 것이며 그것들이 주께 드리는 첫열매들이니라. 너희는 그 빵과 더불어 일 년 된 흠 없는 어린양 일곱 마리와 어린 수송아지 한 마리와 숫양 두 마리를 드릴지니라. 그것들은 주께 드리는 번제니, 그것들의 음식제사와 술붓는 제사와 더불어 주께 불로 드리는 제사니 향기로운 냄새니라. 또 너희는 속죄제를 위하여 숫염소 새끼 한 마리와 화목제의 희생제물을 위하여 일 년 된 어린양 두 마리를 희생제물로 바칠지니라. 제사장은 첫열매들의 빵과 함께 주 앞에 흔드는 제사로 그 어린양 두 마리를 흔들지니, 그것들은 제사장을 위하여 주 앞에 거룩한 것이니라. 너희는 같은 날에 너희에게 거룩한 모임을 공포하고 그 날에는 어떤 육체 노동도 하지 말지니, 이는 너희의 모든 거처에서 너희 대대에 걸쳐 영원한 규례가 되리라. 너희가 너희 땅에서 수확을 거둘 때면 너는 거두는 들 모퉁이까지 깨끗이 거두지 말고, 네 수확 중에서 이삭도 줍지 말고, 너는 그것들을 가난한 자와 타국인을 위하여 남겨 두라. 나는 주 너희 하나님이라.'" 하시니라. 주께서 모세에게 일러 말씀하시기를 "이스라엘 자손에게 고하여 말하라. '일곱째 달, 그 달의 첫날에 안식일을 삼고 나팔들을 불어 기념일과 거룩한 모임을 삼을지니라(나팔절). 너희는 그 날에 어떤 육체 노동도 하지 말고, 주께 불로 드리는 제사를 드릴지니라.'" 하시니라. 주께서 모세에게 일러 말씀하시기를 "이 일곱째 달 십일은 속죄일이 되리니 너희에게 거룩한 모임이 되리라. 너희는 너희 혼들을 괴롭게 하고 주께 불로 드리는 제사를 드릴지니라. 그 날에 너희는 아무 일도 하지 말지니 이는 그 날이 너희를 위하여 주 너희 하나님 앞에 속죄하는 속죄일임이라. 그 날에 괴롭게 하지 않는 혼은 누구든지 그의 백성 가운데서 끊어지리라. 그 날에 어떤 일이든 일하는 혼은 누구라도 내가 그의 백성 가운데서 멸망시키리라. 너희는 아무 일도 하지 말지니 그것은 너희의 모든 거처에서 너희 대대에 걸쳐 영원한 규례니라. 그것은 너희에게 쉼의 안식일이 되리니 너희는 너희 혼들을 괴롭게 하고 그 달의 아홉째 날 저녁, 곧 저녁부터 저녁까지 너희는 너희 안식일을 지킬지니라." 하시니라. 주께서 모세에게 일러 말씀하시기를 "이스라엘 자손들에게 고하여 말하라. '이 일곱째 달 십오일은 주께 칠 일 동안 장막절이니라. 첫째 날에는 거룩한 모임이 있으리니 너희는 어떤 육체 노동도 하지 말지니라. 칠 일 동안 너희는 주께 불로 제사를 드릴 것이며, 여덟째 날에는 너희에게 거룩한 모임이 있으리니, 너희는 주께 불로 제사를 드릴지니라. 그것은 엄숙한 집회니 그 날에 너희는 어떤 육체 노동도 하지 말지니라. 이것들이 주의 명절들이니, 너희는 거룩한 모임들이 되도록 공포하고 주께 불로 제사를 드리되, 번제와 음식제사와 희생제와 술붓는 제사로 모든 것을 그의 날에 드릴지니, 주의 안식일들 외에, 너희의 예물들 외에, 너희의 모든 서원물들 외에, 너희의 모든 자원하는 제물들 외에, 너희가 주께 드리는 것이니라. 너희가 그 땅의 열매들을 거두면 일곱째 달의 십오일에는 또한, 너희는 칠 일 동안 주께 명절을 지킬지니, 그 첫날도 안식일이 되고 그 여덟째 날(쉐미니 아쩨리트)도 안식일이 될지니라. 첫날에 너희는 보기 좋은 나무들의 가지들과 종려나무 가지들과 빽빽한 나무들의 가지들과 시내버들을 취하여 주 너희 하나님 앞에서 칠 일 동안 즐거워할지니라. 너희는 연중 칠 일 동안 주 앞에 한 명절로 지킬지니 그것이 너희 후대들에게 영원한 규례가 되리라. 너희는 그것을 일곱째 달에 기념할지니라. 너희는 칠 일 동안 초막에서 거하되 태어난 이스라엘인들 모두 초막에 거할지니 이는 내가 이집트 땅에서 이스라엘 자손을 데리고 나올 때 그들을 초막에서 거하게 하였음을 너희 후대로 알게 하려 함이니라. 나는 주 너희 하나님이라.'" 하시니 모세가 주의 명절들을 이스라엘 자손에게 선포하였더라.

앞서 언급한 박윤식 목사의 저서 '영원한 만대의 언약 계명, 휘선 출판사, 2019' 부록에서 출애굽 당시의 상황을 자세히 재현한 일정표를 찾을 수 있는데, 이집트 탈출, 계명/율법의 선포, 두 번째 돌판, 첫 번째 만나 및 안식일의 만나 그침 등 중요한 사건들이 모두 하나님의 명절에 맞춰서 발생했음을 알 수 있다.

특히 주목할 사항은 출애굽 한 그 해의 유월절은 수요일 저녁이었고 나팔절은 토요일이었다는 분석이다. 봄 아빕(니산) 유월절이 수요일이면, 가을 티쉬리 나팔절은 반드시 정기 안식일인 토요일과 겹치게 된다. 이 내용은 매우 중요하다. 왜냐하면, 그로부터 약 1500년 뒤에 발생하는 십자가 사건 유월절이 출애굽 때와 같은 수요일이었고, 예수그리스도 재림 시 나팔절도 출애굽 때와 같은 토요일이 될 것으로 예상되기 때문이다.

출애굽의 주요 사건을 월별로 요약하면 다음과 같다.

유대력	일	월	화	수	목	금	토
1월 아빕 (니산)					1	2	3
	4	5	6	7	8	9	10
	11	12	13	14 유월절	15 무교절 출애굽	16 초실절	17
	18	19	20	21 홍해를 건넘	22	23	24
	25	26	27	28	29	30	

이스라엘 백성이 이집트를 나온 날은 1월(아빕/니산) 15일 무교절인데 이날 밤에는 보름달이 떴다. 밤낮을 가리지 않고 광야를

행군하는 이스라엘 백성을 위한 하나님의 배려로 추측된다. 무교절 7일째 되는 21일에 홍해를 건넌다(출 14장). 홍해를 건넌 날을 기념하여 무교절 7일째도 안식한다.

유대력	일	월	화	수	목	금	토
2월 이야르							1
	2	3	4	5	6	7	8
	9	10	11	12	13	14	15 신 광야 회중의 불평
	16 첫 만나 (출16:4)	17	18	19	20	21 갑절의 만나 (출16:5)	22 만나 그침 (출16:26)
	23	24	25	26	27	28	29

광야에서 한 달쯤 시간을 보낸 후, 첫 번째 만나는 2월(이야르) 16일에 내리고, 안식일인 22일에는 만나가 그친다. 안식일 훈련은 계명과 율법을 받기 전에 먼저 시작되었다.

* 출애굽기 16:1~5

그들이 엘림을 떠나 그들의 여정을 시작하며 이스라엘 자손의 모든 회중이 엘림과 시내 사이에 있는 신 광야에 오니, 그들이 이집트 땅에서 떠난 후 둘째 달 십오일이더라. 이스라엘 자손의 온 회중이 광야에서 모세와 아론에게 대항하며 불평하였는데 이스라엘 자손이 그들에게 말하기를 "우리가 고기 솥 옆에 앉아 있던 때와 빵을 배불리 먹던 때에 이집트 땅에서 주의 손에 죽었더라면 좋았으리라. 너희가 우리를 이 광야로 데리고 나와 이 온 무리를 굶어 죽게 하는도다." 하더라. 그때에 주께서 모세에게 말씀하시기를 "보라, 내가 너희를 위해 하늘로부터 빵을 비처럼 내리리니, 백성들은 나가서 매일 일정한 양을 거둘 것이요, 이로써 나는 그들이 나의 법도대로 행하는지 행하지 않는지 시험하리라. 여섯째 날에는 그들이 가져오는 것을 예비할지니, 날마다 거두는 것의 두 배가 되게 할지니라." 하시니라.

* 출애굽기 16:22~26
여섯째 날에는 그들이 한 사람에 두 오멜씩, 두 배의 빵을 거두며 회중의 모든 지도자들이 와서 모세에게 고하더라. 모세가 그들에게 말하기를 "이것이 주께서 말씀하신 것이라. 내일은 주께 거룩한 안식일의 휴식이라. 너희가 오늘 구울 것은 굽고, 끓일 것은 끓이고, 남는 것은 남겨서 너희를 위하여 아침까지 간수하라." 하더라. 그들이 모세가 명한 대로 그것을 아침까지 남겨 두었으나 악취도 나지 않고 거기에 아무 벌레도 생기지 않았더라. 모세가 말하기를 "오늘 그것을 먹으라. 오늘이 주께 안식일이니, 오늘은 너희가 그것을 들에서 얻지 못하리라. 육 일 동안은 너희가 그것을 거둘 것이나 칠 일째는 안식일이니 그 날에는 아무것도 없으리라." 하더라.

이스라엘 백성에게 계명과 율법이 선포된 것은 출애굽 50일째 되는 날인데 이날은 3월(시완) 6일 칠칠절(오순절)이 된다.

유대력	일	월	화	수	목	금	토
3월 시완	1	2	3	4	5	6 칠칠절(오순절) 계명과 율법 선포	7
	8	9	10	11	12	13	14
	15	16	17	18	19	20	21
	22	23	24	25	26	27	28
	29	30					

모세의 첫 번째 40일 금식기도 후 첫 번째 돌판을 받은 날은 4월(담무스) 17일이다. 그리고 그 돌판은 금송아지 사건으로 인하여 깨어진다.

유대력	일	월	화	수	목	금	토
4월 담무스			1	2	3	4	5
	6	7	8	9	10	11	12
	13	14	15	16 금송아지 사건	17 깨뜨려진 첫 번째 돌판	18 중보기도 시작	19
	20	21	22	23	24	25	26
	27	28	29				

그 후 모세의 40일 중보 기도와 2차 40일 금식기도 후 두 번째 돌판을 받은 날은 7월(티쉬리) 10일 대속죄일이 된다.

유대력	일	월	화	수	목	금	토
7월 티쉬리							1 나팔절
	2	3	4	5	6	7	8
	9	10 대속죄일 두 번째 돌판	11	12	13	14	15 장막절
	16	17	18	19	20	21	22 쉐미니 아쩨레트
	23	24	25	26	27	28	29

출애굽기와 신명기의 기록을 토대로 두 번째 돌판을 받기까지 모세의 기도 기간을 정리하면 다음과 같다.

계명/율법의 선포(출 20장) : 3월(시완) 6일 칠칠절
1차 금식기도(신 9:9) : 3월 8일 ~ 4월 17일(40일)
첫 번째 돌판이 깨진 날(출 32:19) : 4월 17일
중보 기도(신 9:25) : 4월 18일 ~ 5월 28일(40일)
2차 금식기도(신 9:18) : 5월 30일 ~ 7월 10일(40일)
두 번째 돌판을 받은 날(출 34:28) : 7월 10일 대속죄일

모세는 도합 120일간 기도를 드리게 되는데 그중에서 80일은 금식기도였다. 얼마나 중요한 계명이기에 무려 80일의 금식기도가 필요했던 것일까?

십자가를 지실 때

이 책의 전반부에서 다룬 십자가 사건의 재구성 결과 A.D.30년 유월절 십자가 사건은 수요일이었다.

요일	화	수	목	금	토	일
태양력	4/2	4/3	4/4	4/5	4/6	4/7
아빕니산	13	14	15	16	17	18
절기		유월절	무교절 안식일	초실절	정기 안식일	
사건	마지막 성찬	십자가 사건		부활		
기록	요13:1			막16:1 향료를 사다		막16:2 무덤에 가다

출애굽 첫째 달 유월절도 수요일이었다.

유대력	일	월	화	수	목	금	토
1월 아빕 (니산)					1	2	3
	4	5	6	7	8	9	10
	11	12	13	14 유월절	15 무교절 출애굽	16 초실절	17
	18	19	20	21일 홍해를 건넘	22	23	24
	25	26	27	28	29	30	

주목할 것은 출애굽 때와 마찬가지로 십자가 사건 당시에도 유월절은 수요일이라는 공통점이다. 결국 출애굽의 유월절은 예수님

의 A.D.30년 유월절 십자가 사건을 천오백 년 전에 미리 보여주신 것이다. 유월절은 예수님의 첫 번째 그림자였다. 그날은 훤한 보름달이 뜨기 바로 전날!

유월절이 수요일이면, 그해 가을 나팔절은 항상 정기 안식일인 토요일이 된다. 가을 절기의 시작인 나팔절은 왕의 행차 즉 예수님의 재림을 예고한 하나님의 명절이다. 그렇다면 예수 재림 시 나팔절도 역시 정기 안식일이 되지 않을까? 만약 그렇게 된다면 출애굽의 나팔절은 사천 년도 더 전에 기록된 그리스도 재림의 예고편이 된다. 그것은 일곱 개 명절 그림자 중 다섯 번째가 될 것이다.

다시 오실 때

　유대력 6457년의 나팔절은 태양력으로 환산하면 2696년 9월 19일 토요일이 된다. 정확히 말하면 9월 18일 금요일 저녁부터 시작된다. 그런데, 왜 갑자기 뜬금없이 수백 년 뒤 A.D.2696년을 언급하는 것일까? 앞에서 언급한 다니엘서 12장의 수수께끼 같은 예언을 이제 풀어보고자 한다.
　다니엘과 계시록에 대한 해석은 교단의 수만큼이나 다양하다. 그 해석들은 모두 틀리거나 하나만 맞을 수 있을 뿐, 모두 맞을 수는 없다. 그래서 열린 마음으로 연구할 필요가 있다. 자기 교단에서 배운 신학을 극복하고 열린 마음으로 검토하면 각 교단의 해석 안에 진리의 편린들이 각각 조금씩 뿌려져 있음을 깨닫게 된다.
　다니엘서 12개 장 가운데서 1장, 2장, 3장, 4장, 5장, 6장은 큰 해석을 요구하지 않는다. 그 당시에 발생한 사건을 그냥 기록해 둔 것이기 때문이다. 다니엘 11장은 지나치게 자세한 예언의 형식으로 미루어 볼 때 천사의 예언이 아니고 후대에 삽입된 인간의 창작물일 가능성이 높다. 11장을 빼고 10장과 12장을 연결해 보면 그 결과가 확연히 보인다.
　다니엘 12장에 기록된 부활의 예언을 해석하기 위해서는 다니엘 7장, 8장, 9장을 먼저 해석해야 한다. 8장 및 9장 해석의 결과가 12장 해석에서 사용되기 때문이다.
　다니엘서는 계시받은 순서와 약간 다르게 후대에 편집되었다. 그래서 계시받은 순서대로 다니엘서의 순서를 다시 정리하면 다음과 같다.

장	계시 연도	주요내용	해석 및 키워드
1	B.C.605	바벨론 포로	믿음은 실천으로!
2	B.C.603	느부갓네살의 꿈	금은철동 진흙 신상 바벨론 이후 제국의 흥망성쇠
3		풀무불 사건	그리 아니하실찌라도(단3:18) 정금같은 믿음
4	B.C.570	느부갓네살의 꿈	나무와 들짐승 하나님을 경외함 공의와 긍휼
7	B.C.553	마지막 시대	사자 독수리 곰 표범 사람의 아들(인자) 한 때와 두 때와 반 때
8	B.C.550	성전파괴	숫양 숫염소 작은 뿔 2300일
9	B.C.539	메시아	70주
5	B.C.539	바벨론 멸망	사람의 손가락 메네 메네 데겔 우바르신
6	B.C.538	사자굴 사건	살아계신 하나님
10	B.C.534	큰 전쟁	세마포 옷을 입은 사람 미가엘
11			11장은 예언의 형태 및 구조상 후대에 10장을 두개로 나누고 중간에 삽입된 것으로 추정됨
12		마지막 시대	미가엘 한 때와 두 때와 반 때 1290일 그리고 1335일

다니엘 예언에는 특이한 점이 하나 있다. 인류의 장기적인 구속사를 다루는 문제에서 날짜 단위의 예언이 등장하는 것이다. 8장의 2300일, 9장의 70주, 그리고 12장의 1290일과 1335일이 그러한

표현이다. 그 해석의 실마리는 구약에서 찾아야 한다. 하나님께서 모세와 에스겔 선지자에게 하루를 일 년으로 환산하는 계시를 주신 경우를 확인해 보자.

* 민수기 14:34
너희가 그 땅을 탐지한 날수를 따라, 곧 사십 일의 하루를 일 년으로 하여 사십 년간 너희가 죄악을 질지니, 그리하여 너희가 나의 약속의 파기를 알리라.' 하라.

* 에스겔 4:4~6
너는 또 왼편으로 누워서 이스라엘 집의 죄악을 그 위에 놓되 네가 그 위에 눕는 날수대로 그들의 죄악을 담당할지니라. 내가 그 날수대로 그들 죄악의 연수를 네게 두었나니 삼백구십 일이라. 이렇게 너는 이스라엘 집의 죄악을 담당할지니라. 네가 그 날수를 채우거든 너는 다시 네 오른편으로 누워서 너는 사십 일 동안 유다 집의 죄악을 담당할지니라. 내가 네게 하루를 일 년으로 정하였느니라.

모세와 에스겔의 사례로 유추해 볼 때, 다니엘서 8, 9, 12장의 예언은 인류 역사 전체를 위한 거대한 청사진이므로 일 년을 하루 단위로 축소 계시한 것으로 추측할 수 있다. 망원경과 현미경에서 사용하는 단위는 다를 수밖에 없는 것과 비슷하다. 따라서 다니엘 8, 9, 12장 예언에 등장하는 하루는 일 년으로 환산해야 한다.

19세기 미국의 재림주의(밀러주의) 운동은 그리스도의 재림 시기를 잘못 예측하여 1844년 대실망 사건이라는 해프닝으로 끝났다. 하지만 윌리엄 밀러가 2300일 해석 때 시도한 '하루=일 년'이라는 방법론은 옳았다. 다만, 다니엘 예언 중에서 어느 것이 그리스도의 재림과 관련된 것인지 몰랐기 때문에 실패한 것이다.

윌리엄 밀러의 뒤를 이은 후배들이 대실망 사건을 설명하기 위하여 조사 심판(Pre-Advent Judgment) 같은 희한한 교리를 만드는 바람에 제칠일안식일예수재림교회가 일부 종파로부터 이단 취급을 받는 것은 안타까운 일이다. 틀렸을 때는 원인을 찾아야 한다. 틀린 것을 정당화하기 위하여 억지로 덧칠해서는 안 된다.

---

* 1844 대실망 사건
윌리엄 밀러(William Miller, 1782년 2월 15일 ~ 1849년 12월 20일)는 미국의 침례교 설교자이다. 성경의 해석을 통해 예수 그리스도가 1844년 10월 22일에 재림할 것이라고 주장했다. 그러나 10월 22일에 예수의 재림은 이루어지지 않아 재림을 굳게 믿고 준비했던 사람들은 큰 실망을 하게 된다. 이를 "1844년 대실망 사건(Great Disappointment)"이라고 부른다. 그러나 예수의 재림은 이루어지지 않았어도 이 일을 계기로 성경에 기록된 재림에 관한 예언을 연구하던 자 중, 성소가 하늘에 있으며 2300일의 예언은 성취되었다(조사심판 교리)고 주장한 무리가 후에 제칠일안식일예수재림교회를 설립하였다. 밀러의 주장을 '밀러주의'라고 한다.

* 조사 심판 교리
대실망 사건 후, 예수께서 1844년에 하늘에 계신 지성소에 들어가셔서 조사심판을 시작하였다는 주장.

다니엘 7장 - 마지막 시대

 다니엘 7장은 B.C.553년경에 받은 계시인데, 주요 키워드는 사자, 독수리, 곰, 표범, 사람의 아들, 그리고 한 때와 두 때와 반 때이다.
 사자, 독수리, 곰, 표범에 대한 해석은 크게 두 가지로 나뉘는데 어떤 학자들은 다니엘 2장과 같은 바벨론, 메데-페르시아, 그리스, 로마로 해석한다. 이것을 역사적 해석이라고 하는데, 재림주의에 속한 교단에서 주로 가르친다. 하지만 다니엘 2장의 예언과 다니엘 7장의 예언이 계시된 시간은 무려 50년의 차이가 있다. 그래서 예언이 주어진 시점을 기준으로 예언을 다시 해석하면 다니엘 7장은 다니엘 2장과 비슷하지만 다른 예언임을 알 수 있다.
 역사적 해석과 달리 예언적 해석을 시도한 신학자는 펜사콜라 성경 신학원(Pensacola Bible Institute)의 설립자인 피터 럭크만(Peter S. Ruckman, 1921~2016)이다. 그는 사자, 독수리, 곰, 표범을 19~21세기 영국, 러시아, 미국 및 UN으로 해석한다. 역사적 해석의 한계를 극복하고 인류의 마지막 시대 예언으로 해석한 것은 탁월한 시도다.

 ★ 다니엘 7:1~12
 바빌론의 벨사살왕 원년에 다니엘이 자기 침상에서 한 꿈을 꾸고 머릿속에 환상들을 받고서 그가 그 꿈을 기록하고 그 일들의 실상을 말하니라. 다니엘이 고하여 말하였더라. 내가 밤에 환상을 보았는데, 보라, 하늘의 네 바람이 큰 바다로 불어 닥치더니 큰 짐승들 넷이 그 바다에서 올라오는데 서로 다르더라. 첫째는 사자 같고 독수리의 날개가 있는데, 내가 보니 그 날개가 뽑혔고 또 땅에서 들려서 사람처럼 발로 서 있게 되었으며, 또 사람의 마음을 받았더라. 또 다른 짐승을 보니, 둘째는 곰과 같고 그것이 몸 한쪽 편을 들어올렸는데, 그 입의 잇사이에 갈비뼈 세 대가 물려 있으며 그들이 그 짐승에게 이렇게 말하기를 "일어나서 많은 고기를 먹으라." 하더라. 이 일 후에 내가 보았더니, 보라, 또 하나는 표범과 같은데, 그 등에는 새의 날개 넷이 있고 그 짐승은 머리도 네 개가 있으며 권세를 받았더라. 이 일 후에 내가 밤에 환상들을 보았고 넷째 짐승을 보았는데, 두렵고 무서우며 힘이 매우 세고 또 철로 된 큰 이빨을 가졌더라. 그 짐승이 먹고 산산이 부수며 그 나머지는 발로 밟더라. 그 짐승은 먼저 있었던 모든 짐승들과 다르며 또 그 짐승은 열 뿔을 가졌더라. 내가 그 뿔들을 살펴보았더니, 보라, 그것들 가운데서 또 다른 작은 뿔이 나오더니, 먼저 나온 뿔 세 개가 그 앞에서 뿌리째 뽑혔더라. 또 보라, 이 뿔에는 사람의 눈 같은 눈이 있고 또 큰 일들을 말하는 입이 있더라. 내가 보았더니 보좌들이 넘어져 있고, 옛날부터 계신 분이 앉으셨는데, 그분의 옷은 눈같이 희고 그분의 머리털은 순전한 양모 같더라. 그분의 보좌는 불타는 불꽃 같고 그 바퀴들은 타는 불 같더라. 불 같은 강이 흘러 그분 앞에서 나오니 수백만 명이 그분을 섬기고 수천만 명이 그분 앞에 섰는데, 심판이 준비되었고 그 책들이 펼쳐졌더라. 그 뿔이 말한 큰 말의 음성 때문에 그 때 내가 보았더니, 그 짐승이 죽임을 당하고 그의 몸이 파멸되며 타는 불꽃에 던져지는 것을 내가 보았노라. 그 짐승들의 나머지에 관해서도 마찬가지로 그들이 그들의 권세는 빼앗겼으나 그들의 생명은 한 시기와 때 동안 연장되었더라.

다니엘 7장이 마지막 시대 예언임을 증명하는 또 다른 증거는 인자(사람의 아들)라는 표현이다.

* 다니엘 7:13~14
내가 밤에 환상들을 보았더니, 보라, 인자 같은 분이 하늘의 구름들과 함께 오셔서 옛날부터 계신 분께로 오시니 그들이 인자 같은 분을 그분 앞에 안내하였더라. 거기에서 그분께 통치권과 영광과 왕국이 주어졌으니, 이는 모든 백성과 민족들과 언어들로 그분을 섬기게 하려 함이더라. 그분의 통치권은 사라지지 않을 영원한 통치권이며 그분의 왕국은 멸망하지 않으리라.

인자라는 표현은 복음서에도 등장한다. 예수께서 세상의 마지막 즉 재림의 상황을 예언하실 때 다니엘 7장의 인자라는 단어를 쓰셨다.

* 누가복음 17:22~30
또 주께서 제자들에게 말씀하시기를 "그 날들이 오리니 그때에는 너희가 인자의 날들 중 단 하루를 보고자 하여도 보지 못하리라. 그들이 너희에게 말하기를 '여기를 보라.' 또는 '저기를 보라.'고 하더라도 그들을 좇아가지도 말고 그들을 따르지도 말라. 마치 번개가 하늘 이편에서 번쩍여 하늘 저편까지 비치는 것같이 인자도 자기의 날에 그렇게 되리라. 그러나 먼저 그는 많은 고난을 받아야 하며, 이 세대에게는 버림을 받아야만 하리라. 노아의 날들에 일어났던 것같이 인자의 날들에도 그러하리라. 노아가 방주에 들어가던 날까지 그들은 먹고, 마시고, 장가가고, 시집가고 하였으나, 홍수가 나서 그들을 다 진멸시켰느니라. 그것은 또한 롯의 날들에 일어났던 것과 마찬가지라. 그들은 먹고 마시고, 사고 팔고, 심고 건축하였으나, 롯이 소돔에서 나가던 날 하늘에서 불과 유황이 비오듯하여 그들 모두를 진멸시켰느니라. 이와 같이 인자가 나타나는 날에도 그러하리라.

또 다른 증거는 다니엘 7장에 등장하는 한 때와 두 때와 반 때라는 예언이다. 이 표현은 다니엘 12장과 계시록 12장에도 등장한다. 한 때와 두 때와 반 때는 계시록 11~13장에 기록된 일천이백육십 일, 마흔두 달 등의 다른 표현이며, 결국 그리스도 재림 전 마지막 대환난 3년 반으로 해석할 수 있다. 다니엘 7장 예언의 한 때(a time)가 하루(one day)로 환산되는 것은 다니엘 8, 9, 12장 예언에 등장하는 하루(one day)가 일 년(one year)으로 환산되는 것의 강력한 근거가 된다.

* 다니엘 7:22~26

옛날부터 계신 분이 오시니 지극히 높으신 분의 성도들에게 심판이 주어졌고 그 때가 이르자 성도들이 그 왕국을 차지하더라. 그러므로 그분께서 말씀하시기를 "넷째 짐승은 땅 위의 넷째 왕국이 되리니 그것은 모든 왕국들과 달라서 온 세상을 집어삼키고 밟아서 산산조각을 낼 것이라. 이 왕국에서 나온 열 뿔은 장차 일어날 열 왕이며 또 하나가 그들 뒤에 일어나리라. 그는 먼저 있던 자들과는 다르며 그가 세 왕들을 복종시킬 것이라. 그가 지극히 높으신 분을 대항하여 큰 말을 하며 또 지극히 높으신 분의 성도들을 지치게 할 것이고 또 때와 법을 변경시키려고 생각할 것이라. 그들은 그의 손에 주어져서 한 때와 두 때와 반 때를 지내리라. 그러나 그 심판이 시작되리니 그들이 그의 권세를 빼앗아서 끝까지 그것을 소멸하고 멸망시키리라.

* 다니엘 12:4~7

그러나, 오 너 다니엘아, 마지막 때까지 그 말씀을 닫고 그 책을 봉하라. 그 때에는 많은 사람이 이리저리 달릴 것이요 지식이 증가하리라." 하더라. 그때에 나 다니엘이 쳐다보았더니, 보라, 다른 두 사람이 서 있는데 한 사람은 강둑 이편에, 다른 사람은 강둑 저편에 서 있더라. 한 사람이 강물 위에 있던 세마포를 입은 사람에게 말하기를 "이러한 이적들의 끝이 언제까지겠느냐?" 하더

라. 내가 들으니, 강물 위에 있던 세마포를 입은 사람이 그의 오른손과 그의 왼손을 하늘로 들어올리고 영원히 사시는 분으로 맹세하기를 "한 때와 두 때와 반 때가 되리니, 그가 거룩한 백성의 권세를 흩어 버리는 것을 마치게 되면 이 모든 일이 끝나게 되리라." 하더라.

* 계시록 12:1~17

하늘에 큰 이적이 나타났으니, 한 여인이 해로 옷입었고, 달은 그녀의 발 밑에 있으며, 머리에는 열두 별이 있는 면류관을 썼는데, 아이를 밴 그 여인이 산고로 울부짖으며 출산하려 함으로 아파하더라. 하늘에 또 다른 이적이 나타났으니, 보라, 커다란 붉은 용 한 마리가 있는데 일곱 머리와 열 뿔이 있고 그 머리들 위에는 일곱 왕관이 있더라. 그런데 그의 꼬리로 하늘의 별 삼분의 일을 끌어다가 땅에 던지더라. 또 그 용이 그 아이가 태어나자마자 삼키려고 출산하려는 그 여인 앞에 서 있더라. 그녀가 사내 아이를 낳았는데 이 아이는 모든 민족들을 철장으로 다스릴 자라. 그녀의 아이가 하나님과 그의 보좌 앞으로 들려 올라가더라. 그 여인은 광야로 도망하였는데 그곳에는 그들이 그녀를 일천이백육십 일 동안 부양하도록 하나님께서 그녀를 위하여 마련해 놓으신 곳이 있더라. 또 하늘에 전쟁이 있으니 미카엘과 그의 천사들이 용을 대항하여 싸우고 용과 그의 천사들도 싸우나 그들이 이기지 못하여 하늘에서 더 이상 있을 곳을 찾지 못하더라. 그리하여 그 큰 용이 쫓겨나니 그는 마귀라고도 하고 사탄이라고도 하는 옛 뱀, 곧 온 세상을 미혹하던 자라. 그가 땅으로 쫓겨나고 그의 천사들도 그와 함께 쫓겨나더라.또 내가 들으니, 한 큰 음성이 하늘에서 말하기를 "이제 구원과 능력과 우리 하나님의 나라와 그의 그리스도의 권세가 임하는도다. 이는 우리 형제들을 우리 하나님 앞에서 밤낮 고소하던 그 고소자가 쫓겨났기 때문이니라. 그들이 어린양의 피와 자기들이 증거한 말로 그를 이겼으니, 그들은 죽기까지 자기들의 생명을 사랑하지 아니하였도다. 그러므로 너희 하늘들과 그 안에 거하는 너희는 즐거워하라. 땅과 바다에 사는 자들에게는 화 있으리라! 이는 마귀가 자기 때가 얼마 남지 않았음을 알고 크게 분노하며 너희에게로 내려갔음이라."고 하더라. 그 용이 자기가 땅으로 쫓겨난 것을 알고서 사내 아이를 출산한 그 여인을 박해하더라. 그때 그 여인이 큰 독수리의 두 날개를 받았는데, 이는 그녀가 광야에 있는 자기 처소로 날아가서 그곳에서 그 뱀의 낯을 피하여 한 때와 두 때와 반 때를 부양받으려 함이더라. 그 뱀이 여인 뒤에다 자기 입에서 물을 홍수같이 쏟아 그 여인을 홍수에 떠내려가게 하려 하되 그 땅이 그 여인을 도와 그 입을 벌려 용이 그 입에서 쏟은 홍수를 삼켜 버리더라. 그러자 그 용이 여인에게 분노하여 여인의 씨 가운데 남은 자들, 즉 하나님의 계명들을 지키며 예수그리스도의 증거를 가진 자들과 싸우려고 나가더라.

인자라는 표현과 한 때와 두 때와 반 때라는 공통 예언을 통해 유추해 볼 때, 다니엘 7장과 12장 그리고 계시록 11~13장은 같은 시대를 위한 예언이며 결국 인류의 마지막 시대 예언임을 알 수 있다.

* 계시록 11:1~3
또 내게 지팡이 같은 갈대를 주며, 그 천사가 서서 말하기를 "일어나서 하나님의 성전과 제단과 그 안에서 경배하는 자들을 측량하라. 그러나 성전 밖에 있는 뜰은 남겨 두고 측량하지 말라. 이는 그것을 이방인들에게 주었으며 그들이 마흔두 달 동안 그 거룩한 도성을 발 아래 짓밟을 것이기 때문이라. 내가 나의 두 증인에게 권세를 주리니, 그러면 그들이 굵은 베옷을 입고 일천이백육십 일을 예언하리라."고 하더라.

* 계시록 13:1-5

내가 바닷가 모래 위에 서서 보니, 한 짐승이 바다에서 올라오는데, 일곱 머리와 열 뿔을 가졌더라. 그 뿔들에는 열 개의 왕관이 있고 그 머리들에는 하나님을 모독하는 이름이 있더라. 또 내가 본 그 짐승은 표범과 같고, 발은 곰의 발 같고, 입은 사자의 입 같은데, 용이 자기의 능력과 자리와 큰 권세를 그 짐승에게 주더라. 또 내가 보니, 그의 머리들 가운데 하나가 상처를 입어 죽게 된 것 같았으나, 그의 치명적인 상처가 나으니 온 세상이 기이히 여겨 그 짐승을 따르더라. 사람들이 그 짐승에게 권세를 준 용에게 경배하고 또 그 짐승에게도 경배하며 말하기를 "누가 그 짐승과 같으며 누가 감히 그와 더불어 싸울 수 있으리요?"라고 하더라. 그 짐승이 큰 일들과 모독하는 말들을 하는 입을 받았으며 또 마흔두 달 동안 활동할 권세를 받았더라.

각 장에 등장하는 연결고리들을 찾아보면 다음과 같이 요약할 수 있다. 다니엘 7장과 12장에 등장하는 한 때 두 때와 반 때는 계시록 12장과 연결되고, 그것은 다른 표현인 일천이백육십 일과 마흔두 달로 각각 계시록 11장 및 13장과 연결된다. 결국 같은 시대 예언임을 알려주고 있다.

다니엘 7장				한 때 두 때 반 때
다니엘 12장				한 때 두 때 반 때
계시록 11장	마흔두 달		일천이백육십 일	
계시록 12장			일천이백육십 일	한 때 두 때 반 때
계시록 13장	마흔두 달			

다니엘 7장에서 마지막 시대에 대한 큰 그림이 주어진 뒤, 다니엘 8장 및 9장에서는 구속사의 관점에서 가장 중요한 사건 두 가지 (예루살렘 성전과 예수의 십자가)가 예언된다. 그리고 다니엘 12장

에서 마지막 시대가 다시 예언된다. 다니엘 7장과 다니엘 12장은 마치 샌드위치처럼 8장과 9장을 감싸고 있는 구조이다.

    다니엘 7장과 12장, 계시록 11, 12, 13장은 모두 마지막 시대 대환난 3년 반을 예언하고 있다. 하나의 대환난을 각기 다른 각도에서 5번이나 반복 예언할 만큼 역사의 마지막 시대에서 지극히 중요한 사건임을 알 수 있다.

다니엘 8장 - 예루살렘 성전

　8장에는 메대-페르시아, 그리스 이후 안티오코스 4세 에피파네스의 예루살렘 성전 파괴 예언이 주어진다. 8장 23~24절에 등장하는 악한 왕(작은 뿔)이 바로 안티오코스 4세 에피파네스로 해석된다. 역사적 기록으로 확인해 보면 이 사건은 B.C.167년에 발생했다. 이후 마카비 가문의 노력으로 B.C.164년 성전을 되찾고 그때 만들어진 유대인의 고유 명절이 수전절이다.
　다니엘 8장 14절에 등장하는 2300일 예언은 마지막 시대 예루살렘 성전과 관련된 것으로 보이며, 이와 관련해서 1948년 이스라엘 건국 및 제3성전 건립 추진 등을 유심히 살펴볼 필요가 있다. 일부 언론에서 다루어진 것처럼, 만약 예루살렘에 제3성전이 등장한다면 이는 다니엘 8장 2300일 예언과 관련된 것일 가능성이 크다.

*다니엘 8:1~27
처음에 나에게 나타났던 환상 이후 벨사살왕의 치리 제삼년에 한 환상이 나에게 나타났으니, 나 다니엘에게 나타났더라. 내가 환상 중에 보았고 내가 보았을 때 나는 엘람 지방에 있는 수산궁에 있었으며, 또 내가 환상 중에 보았더니 나는 울래 강가에 있었느니라. 그때 내가 나의 눈을 들어 보았더니, 보라, 두 뿔을 가진 숫양 한 마리가 강 앞에 서 있는데 그 두 뿔은 길며 하나가 다른 것보다 더 길고 그 긴 것이 나중에 나왔더라. 내가 서쪽과 북쪽과 남쪽을 향하여 밀어붙이는 숫양을 보았는데 그 앞에 설 짐승들이 없으며 그 손에서 구해 낼 어떠한 것도 없으나 그 숫양은 자기 뜻대로 행하고 크게 되더라. 내가 숙고하고 있는데, 보라, 숫염소가

온 지면의 서쪽에서부터 왔는데 땅에는 닿지 않았고 그 염소는 양 눈 사이에 두드러진 뿔이 있더라. 내가 강 앞에서 서서 보았더니 그 염소가 두 뿔을 가진 숫양에게로 와서 격분한 힘으로 그에게 달려가더라. 또 내가 그를 보니 숫양에게 가까이 나와서 그에게 화를 내어 그 숫양을 받아 그의 두 뿔을 꺾으니 그 숫양에게는 염소 앞에 설 힘이 없더라. 그 염소가 숫양을 땅에 집어 던져서 짓밟아도 그의 손에서 숫양을 건져낼 자가 아무도 없었더라. 그러므로 그 숫염소가 매우 강대해지다가 강하게 되었을 때 그 큰 뿔이 꺾였고, 그 자리에 두드러진 뿔 넷이 하늘의 네 바람을 향하여 나왔음이라. 그 중 한 뿔에서 작은 뿔 하나가 나와서 남쪽과 동쪽과 아름다운 땅을 향하여 심히 커지더니 하늘의 군대에 이를 만큼 커져서 군대와 별들 중에 얼마를 땅에 던지고 그것들을 짓밟더라. 정녕, 그는 자신을 군대의 통치자에게까지 높였으며 그로 인하여 매일 드리는 희생제도 없어지고 그의 성소의 처소도 허물어졌도다. 한 군대가 그에게 주어져서 죄과로 인하여 매일 드리는 희생제도 반대케 하며 그 작은 뿔이 진리를 땅에 던지고 마음대로 행하며 번성하였더라. 그때 내가 한 성도가 말하는 것을 들었는데, 말하였던 그 어떤 성도에게 또 다른 성도가 말하기를 "매일 드리는 희생제와 멸망의 죄과, 즉 성소와 군대를 내어주어 발아래 짓밟히게 하는 환상이 얼마나 오래가겠느냐?" 하니, 그가 나에게 말하기를 이천삼백 일까지니, 그때에 성소가 깨끗하게 되리라." 하였더라. 나, 곧 나 다니엘이 환상을 보고 그 의미를 찾는데, 보라, 그때에 내 앞에 한 사람의 모습 같은 것이 섰더라. 내가 울래 강둑 사이에서 한 사람의 음성을 들었더니, 불러 말하기를 "가브리엘아, 이 사람에게 그 환상을 깨닫게 해주라." 하더라. 그리하여 내가 서 있는 곳에 그가 가까이 왔으니 그가 왔을 때 내가 두려워서 얼굴을 대고 엎드렸으나 내게 말하기를 "오 인자야, 깨달으라. 그 환상은 마지막 때에 있을 것임이라." 하였더라. 그가 나와 말하고 있을 때 내가 얼굴을 땅에 대고 깊은 잠이 들었으나 그가 나를 어루만져 일으켜 세우고 말하기를 "보라, 내가 진노의 마지막 끝에 있을 일을 네게 알게 하리라. 그 끝은 정한 때에 있으리라. 네가 본 두 뿔을 가진 그 숫양은 메디아와 페르시아의 왕들이요, 그 거친 숫염소는 그리스의 왕이며 그의 양 눈 사이에 있는 큰 뿔은 그 첫째 왕이라. 이제 그 뿔이 꺾이고 그 대신 그 자리에 네 뿔이 났으니 네 왕국이 그 민족에서 일어날 것이나 그의 권세에는 미치지 못하리라. 그들 왕국의 나중 때에 범죄자들이 가득 차게 되면 무서운 용모를 하고 난해한 문장들을 깨닫는 한 왕이 일어나리라. 그의 권세가 막강할 것이나 자기 자신의 권세에 의한 것은 아니니 그가 놀랍도록 파괴시킬 것이며 번성할 것이고 마음대로 행하며 강한 자들과 거룩한 백성을 멸하리라. 그의 지혜를 통하여 그가 자기 손에 기술을 늘려서 자기 마음속에 자신을 높이고 평화로 많은 것을 멸하리라. 그는 또한 통치자들 중의 통치자를 대적하여 설 것이나 그가 사람의 손에 의하지 않고 부서지게 되리라. 이미 말했던 저녁과 아침의 환상은 참되나니, 그러므로 너는 그 환상을 알리지 말라. 이는 그것이 많은 날 동안 있을 것임이라." 하더라. 나 다니엘이 기절하여 며칠간 앓다가 그후에 일어나서 왕의 업무를 행했더라. 내가 그 환상에 놀랐으나 아무도 그것을 깨닫는 자가 없더라.

성전 파괴와 재건축(제3성전)에 관한 예언이 중요한 것은 그리스도 재림 전에도 성전이 존재해야 한다는 신약 성경 구절로 확인할 수 있다. 죄의 사람 곧 멸망의 아들이 하나님의 성전에 앉기 전에는 그날이 도래할 수 없다고 기록되어 있다. 멸망의 아들에 대한 해석도 교단마다 다르긴 하지만 결국 마지막 시대에 특별한 어떤 존재가 등장하는데 예루살렘 제3성전을 차지할 것으로 예측된다.

* 데살로니가후서 2:3~4
아무도 어떤 모양으로든지 너희를 미혹하지 못하게 하라. 이는

먼저 배교하는 일이 이르지 않고, 또 그 죄의 사람 곧 멸망의 아들이 나타나지 않고서는 그 날이 오지 아니함이라. 그는 대적하는 자며, 또 하나님이라고 불리는 모든 것과 숭배받는 대상 위에 자신을 높여 하나님의 성전에 앉아 하나님처럼 보여 자신을 하나님이라고 하느니라.

1948년 건국 후, 이스라엘은 여러 번의 전쟁을 거쳐 예루살렘 일부를 포함한 지금의 국경선을 유지하고 있다. 옛날 성전 자리로 추측되는 곳에는 여전히 이슬람 사원이 두 개 들어서 있지만, 이스라엘 정통주의자들은 머지않아 예루살렘에 제3성전을 건축할 것이다. 일부 언론에 따르면 성전 건축에 필요한 실무 준비는 대부분 갖춰졌으나 아직은 국제 사회 역학 관계상 시간이 더 필요한 것으로 보인다. 그리고 성전에 꼭 필요한 언약궤도 아직은 행방이 묘연하다.

다니엘 8장의 예언이 예루살렘 성전의 존재 여부와 관련된 것이라면, 그 제3성전의 완공 시기는 B.C.167년부터 2300년이 지난 A.D.2134년으로 추측할 수 있다.

다니엘 9장 - 예수와 십자가

9장에는 70주 예언이 나오는데, 이는 메시아의 초림과 십자가 사건, 그리고 예루살렘 멸망에 대한 예언이다.

* 다니엘 9:21~27

곧 내가 기도로 말하고 있을 때 내가 처음에 환상에서 보았던 그 사람 가브리엘이 빨리 날아와서 저녁 예물을 드릴 즈음에 나를 어루만지더라. 그가 내게 알려 주며 나와 함께 말하였는데, 말하기를 "오 다니엘아, 내가 이제 네게 지혜와 명철을 주려고 나왔느니라. 네가 간구하기 시작할 때 명령이 나왔기에 내가 네게 알려 주려고 왔느니라. 이는 네가 크게 사랑을 받음이니, 그러므로 그 일을 깨닫고 그 환상을 숙고할지니라. 칠십 주가 네 백성과 네 거룩한 도성에 정해졌나니, 허물을 끝내고 죄들을 종결시키며 죄악에 화해를 이루고 영원한 의를 가져오며 그 환상과 예언을 봉인하고 지극히 거룩한 이에게 기름부으려 함이라. 그러므로 알고 깨달으라. 예루살렘을 복원하고 건축하라는 그 명령이 나오는 때부터 메시아 통치자까지 칠 주와 육십이 주가 될 것이요, 그 거리와 그 성벽이 재건되리니, 곧 고난스런 때들이라. 육십이 주 후에는 메시아가 끊어질 것이나 자신을 위해서가 아니요, 또 장차 올 그 통치자의 백성이 도성과 성소를 파괴하리니 그 끝은 홍수로 뒤덮일 것이요 그 전쟁의 끝에는 황폐함이 정해졌느니라. 그가 많은 사람들과 더불어 한 주 동안 언약을 확정하고, 그 주의 중간에 그가 희생제와 예물을 금지시킬 것이요, 그는 가증함을 확산시킴으로 황폐케 하리니 진멸할 때까지 할 것이며, 정해진 것이 황폐케 한 자에게 쏟아지리라." 하더라.

70주 해석은 교단마다 다양하다. 그중에서 가장 유력한 것을 요약하면 다음과 같다.

예루살렘을 복원하고 건축하라는 명령은 네 번 있었는데 그중에서 가장 적합한 것은 B.C.458년(에스라 7장)이다. 69주 즉 69*7=483일은 483년으로 환산할 수 있는데, B.C.458년부터 483년이 지나면 A.D.26년이 되고 그때부터 예수그리스도의 공생애가 시작된다. 한 주의 중간 즉 3년 반이 지나 A.D.30년에 십자가 사건이 발생하고 지성소 휘장이 찢어지며 동물의 희생제가 필요 없어진다. 역사적 기록으로 확인해 보면, 예수의 십자가 사건 이후 거룩한 도성 예루살렘의 멸망은 로마 장군 티투스(Titus, 39~81)에 의해 A.D.70년에 최종적으로 발생하였다.

다니엘 12장 - 부활의 약속

다니엘 10장과 12장은 원래 하나의 연결된 예언인 것으로 추측되며 중요한 부분은 다니엘 12장에 기록되어 있다.

앞서 언급한 바와 같이 다니엘 12장은 7장과 같은 마지막 시대 예언인데 훨씬 더 상세하다. 죽은 자의 부활, 지식의 증가와 사람들의 빠른 이동이 예언되었으며, 7장에서와 마찬가지로 한 때와 두 때와 반 때의 기간이 언급되고 있다.

다니엘 12장의 마지막 부분에 1290일 더하기 1335일 도합 2625일에 대한 예언이 나오는데, 이 부분이 마지막 때 즉 그리스도의 재림과 관련된 핵심 단서이다.

* 다니엘 12:1~13

"그때에 미카엘이 일어서리니, 이는 네 백성의 자손을 위하여 일어서는 위대한 통치자라. 또 고난의 때가 있으리니, 그것은 민족이 생긴 이래로 그 때까지 결코 없었던 것이라. 그 때에 네 백성이 구제될 것이니, 곧 그 책에 기록되어 발견될 모든 자들이라. 땅의 흙 속에서 잠자는 많은 사람들이 깨어날 것이며, 얼마는 영원한 생명을 얻겠고, 얼마는 수치와 영원한 모욕을 받으리라. 현명한 자들은 창공의 광명처럼 빛날 것이요, 많은 사람을 의로 돌이키는 자들은 별들처럼 영원무궁토록 빛나리라. 그러나, 오 너 다니엘아, 마지막 때까지 그 말씀을 닫고 그 책을 봉하라. 그 때에는 많은 사람이 이리저리 달릴 것이요 지식이 증가하리라." 하더라. 그때에 나 다니엘이 쳐다보았더니, 보라, 다른 두 사람이 서 있는데 한 사람은 강둑 이편에, 다른 사람은 강둑 저편에 서 있더

라. 한 사람이 강물 위에 있던 세마포를 입은 사람에게 말하기를 "이러한 이적들의 끝이 언제까지겠느냐?" 하더라. 내가 들으니, 강물 위에 있던 세마포를 입은 사람이 그의 오른손과 그의 왼손을 하늘로 들어올리고 영원히 사시는 분으로 맹세하기를 "한 때와 두 때와 반 때가 되리니, 그가 거룩한 백성의 권세를 흩어 버리는 것을 마치게 되면 이 모든 일이 끝나게 되리라." 하더라. 내가 들었으나 깨닫지는 못하였더라. 그때에 내가 말하기를 "오 내 주여, 이러한 일들의 마지막에는 어떻게 되겠나이까?" 하였더니, 그가 말씀하시기를 "다니엘아, 네 길을 가라. 이는 그 말씀들이 마지막 때까지 닫혀 있고 봉해져 있을 것임이라. 많은 사람들이 정결케 될 것이며 희게 되고 연단되리라. 그러나 악인들은 악하게 행하리라. 악한 자들 중 아무도 깨닫지 못할 것이나 현명한 자들은 깨달으리라. 날마다 드리는 희생제가 폐지되고 멸망케 하는 가증한 것이 세워질 때부터 일천이백구십 일이 될 것이니라. 기다려서 일천삼백삼십오 일에 이르는 자는 복이 있도다. 그러나 너는 그 마지막이 이를 때까지 네 길을 가라. 이는 네가 쉴 것이요, 그 날들의 마지막에 네 땅에 설 것임이라." 하더라.

10대 때 바벨론으로 끌려와서 70년을 보내고 이제 죽음을 얼마 남겨두지 않은 노년의 선지자 다니엘에게 마지막 시대 부활을 예고해 주는데, 구체적인 시기가 주어진 것이다. 쉰다는 것은 죽는다는 것이고, 마지막 날에 네 땅에 선다는 것은 부활을 약속하는 것이다.

예언의 핵심은 '날마다 드리는 희생제가 폐지되고 멸망케 하는 가증한 것이 세워질 때'이다. 단서가 될 만한 것은 다니엘 8장과 다니엘 9장에 기록되어 있다.

* 다니엘 8:12~13
한 군대가 그에게 주어져서 죄과로 인하여 매일 드리는 희생제도 반대케 하며 그 작은 뿔이 진리를 땅에 던지고 마음대로 행하며 번성하였더라. 그때 내가 한 성도가 말하는 것을 들었는데, 말하였던 그 어떤 성도에게 또 다른 성도가 말하기를 "매일 드리는 희생제와 멸망의 죄과, 즉 성소와 군대를 내어주어 발 아래 짓밟히게 하는 환상이 얼마나 오래가겠느냐?" 하니,

* 다니엘 9:25~27
그러므로 알고 깨달으라. 예루살렘을 복원하고 건축하라는 그 명령이 나오는 때부터 메시아 통치자까지 칠 주와 육십이 주가 될 것이요, 그 거리와 그 성벽이 재건되리니, 곧 고난스런 때들이라. 육십이 주 후에는 메시아가 끊어질 것이나 자신을 위해서가 아니요, 또 장차 올 그 통치자의 백성이 도성과 성소를 파괴하리니 그 끝은 홍수로 뒤덮일 것이요 그 전쟁의 끝에는 황폐함이 정해졌느니라. 그가 많은 사람들과 더불어 한 주 동안 언약을 확정하고, 그 주의 중간에 그가 희생제와 예물을 금지시킬 것이요, 그는 가증함을 확산시킴으로 황폐케 하리니 진멸할 때까지 할 것이며, 정해진 것이 황폐케 한 자에게 쏟아지리라." 하더라.

둘 중에서 어느 사건이 다니엘 12장의 사건과 같은 것일까?
다니엘 12장의 사건이 8장의 사건인지 아니면 9장의 사건인지를 파악하는 것이 제일 어려운 부분이다. 그 해석 여부에 따라 성도의 부활 연도가 달라지기 때문이다.
성전에서 날마다 드리는 희생제는 언제 폐지되었는가?
결론을 말하자면, 성전에서 희생제가 폐지되는 사건은 8장에서 예언된 B.C.167년과 9장에서 예언된 A.D.70년에 모두 발생하였다. 하지만, A.D.70년의 사건이 더 부합한 것으로 판단된다. 왜냐하면, 안티오코스 4세 에피파네스에 의한 B.C.167년 성전 파괴는 그 후 마카비 가문의 활약으로 극복되었지만, A.D.70년 예루살렘 성전 파괴는 완전한 파괴 및 유대인들의 디아스포라로 이어졌으므

로, 결국 A.D.70년에 완전히 폐지된 것으로 보아야 하기 때문이다.
　이제 다니엘 9장의 단서를 활용하여, 다니엘 12장의 예언을 해석하고 정리하면 다음과 같다.

A.D.70 예루살렘이 멸망하고 1290년+1335년이 지나면 마지막이 이르고 성도의 부활이 시작될 것이다.

A.D.70+1290년+1335년=A.D.2696

　그런데 왜 A.D.2695년이 아니고 A.D.2696년일까? 그것은 하나님의 연도 계산을 따라 1290년과 1335년을 다 채우면, 태양력으로는 2696년 3월 25일에 끝나기 때문이다. 앞에서 언급한 것처럼 하나님께서 명하신 한 해의 시작은 태양력 3~4월 경인 아빕(니산)이다. 따라서 그리스도의 재림은 2696년 3월 26일(아빕/니산 1일, 유대력 6456년)부터 시작되는 1년을 주목해야 한다.
　하나님의 연도 계산법을 따르지 않고 유대인의 새해 기준 또는 태양력을 기준으로 해석하면 A.D.2695년이 되어 결국 1년의 오차가 발생한다. 유대인들이 신년의 기준을 1월인 아빕(니산)에서 7월인 티쉬리로 바꾸면서 봄 유월절과 가을 나팔절이 2개 연도에 걸치기 때문이다. 문명이 발달하기 전부터 시작된 달의 패턴을 동시에 고려해야 정확한 시기를 찾아낼 수 있다.

초승달이 뜰 때 시작된다.

　퍼즐을 완성하기 위한 마지막 단서는 구약성경 레위기에서 찾아야 한다. 레위기 23장에 하나님께서 친히 정하신 하나님의 명절은 이스라엘의 출애굽뿐만 아니라 모든 민족을 위한 하나님의 구원 과정을 1년 안에 요약하여 둔 청사진임을 언급한 바 있다.

　첫 번째 절기 유월절은 유대 종교력 1월 즉 아빕(니산) 14일 저녁인데, 이스라엘 민족이 이집트에서 탈출한 사건을 기념하는 축제일이다. 태양력으로는 대략 4월 초순인 봄이다. 출애굽 시 이집트에 마지막 재앙이 내릴 때, 어린양의 피를 문설주에 바른 이스라엘 사람들에게는 죽음의 재앙이 비켜 갔다.

　두 번째 절기 무교절은 아빕(니산) 15~21일까지 일주일인데, 이집트 탈출 당시 급히 만든 빵을 먹었던 일을 기억하는 절기이다. 급히 빵을 만들다 보니 효소를 넣고 발효시킬 시간이 없었다. 무교절에는 누룩 없는 빵을 먹는다.

　세 번째 절기 초실절은 무교절 안식일 다음날인데, 이때는 보리 수확의 첫 열매를 봉헌한다. 날짜로는 아빕(니산) 16일이다.

　네 번째 절기 칠칠절(오순절)은 무교절부터 50일째 되는 날로써, 밀수확의 첫 소산을 드리며 풍성한 수확을 감사드린다.

　이 중에서 초실절과 칠칠절은 가나안 땅에 들어간 후부터 시행되는 절기였다. 왜냐하면 광야 40년 유랑 생활 기간에는 만나를 먹고 곡식 재배를 할 수 없기 때문이다. 하나님께서는 왜 40년 뒤에야 시행될 절기를 미리 선포하셨을까?

　하나님의 절기는 인류를 구원하기 위한 그리스도의 그림자임을 이제 설명하고자 한다.

먼저, 유월절 어린양의 피는 그리스도께서 십자가에서 흘린 피로 완성되었다. 무교절의 누룩 없는 빵은 죄 없는 그리스도를 의미한다. 바리새인들과 서기관들의 누룩을 조심하라는 말씀처럼, 누룩 없는 빵은 곧 진리요 생명이신 그리스도를 의미한다. 그리스도는 육신을 입고 이 땅에 오셨으나 우리 인간들과는 달리 죄는 없는 분이시다. 그리고 사흘 만에 부활하셔서 초실절을 완성하시고, 부활의 첫 열매가 되셨다. 예수께서 승천하실 때 성령께서 임하실 것을 기다리라고 하셨는데, 오순절(칠칠절) 성령강림으로 폭발적인 회심의 사건이 있었고 이는 곧 풍성한 수확의 시작으로 볼 수 있다.

만약 예수께서 십자가를 통해 7개 절기 중 봄 절기 3개를 완성하시고 승천하신 것으로 본다면, 그리고 뒤이은 오순절(칠칠절) 성령강림으로 네 번째 절기가 완성된 것으로 본다면, 재림하실 때는 당연히 가을 절기 나팔절부터 시작하여 대속죄일 그리고 장막절(초막절)을 완성하실 것으로 추측할 수 있다.

다섯 번째 절기 나팔절은 유대 종교력 7월 즉 티쉬리 1일인데 특이하게도 나팔을 분다. 나팔절은 대속죄일의 준비 과정이며 태양력으로는 9월~10월이다. 나팔을 부는 것을 하나의 절기로 만들어 둔 것이 이상하기도 하고 오묘하기도 하다.

여섯 번째 절기 대속죄일은 나팔절 후 10일이 지난 티쉬리 10일인데, 유대 절기 중 가장 엄숙한 날이다. 대제사장이 이스라엘 온 백성을 위해 국가적인 속죄를 드리는 날인데, 두 마리의 염소를 취해서 한 마리는 하나님께 속죄 제물로 드린다. 다른 한 마리는 이스라엘 백성의 죄를 짊어지고 광야로 추방된다. 구원과 심판의 의미를 가진 상징들이다. 대속죄일은 일 년의 심판을 마무리하는 의미에서 구속사적으로는 인류의 최후 심판을 의미한다.

일곱 번째 절기 장막절(초막절)은 티쉬리 15일부터 일주일간인데, 출애굽 후 광야 장막 생활을 기념한 절기이다. 장막절의 핵심은 하나님께서 함께 하신다는 것이며 일주일 동안 무려 70마리의 소를 번제로 드린다(민 29장). 제사를 드리고 남은 것을 먹는 것도 아니고 무려 70마리의 소를 모두 태운다니 뭔가 좀 이상하지 않은가? 70마리의 소는 특별한 의미가 있는데 세상 모든 나라 즉 열방을 의미한다. 창세기 노아 방주 사건 후 기록된 후손들의 족보를 살펴보면 모두 70 민족이 발생했음을 알 수 있다(창 10장). 그래서 70마리의 소를 번제로 드린 것은 세상 모든 민족을 구원하시겠다는 하나님의 예고편이었다. 현대인들은 짐승의 번제에 대해서 반감을 가지고 있다. 그러나 번제의 핵심이 인간의 죄를 짐승에게 전가하는 안수 과정임을 깨닫고 나면, 죄를 조금도 용납할 수 없는 하나님의 거룩하심을 깨닫게 된다. 그래서 회개는 완전한 자기 부인(Self-denial)을 요구한다.

칠칠절(오순절)이 끝나고 약 4개월 후, 가을부터 시작되는 나팔절, 대속죄일, 장막절은 연결되어 있는데, 성경에 예언된 미래의 일들과 정확히 궤를 같이하고 있다는 사실에 주목할 필요가 있다.

그리스도의 재림은 나팔 소리와 함께 시작된다고 예언되었다.

* 마태복음 24:30~31
그후에 하늘에 있는 인자의 표적이 나타나리니, 땅의 모든 지파들이 통곡할 것이며, 또 그들은 인자가 권세와 큰 영광으로 하늘의 구름을 타고 오는 것을 보리라. 또 주께서 큰 나팔 소리와 함께 천사들을 보내시리니, 그들이 하늘 이편 끝에서 저편 끝까지 사방에서 그의 택하신 사람들을 함께 모을 것이라.

계시록 19장 및 20장에 기록된 예언은 최후 심판인데, 이로써 대속죄일이 완성될 것이다.

* 계시록 20:11~13

또 내가 큰 백보좌와 그 위에 앉으신 분을 보니, 그의 면전에서 땅과 하늘이 사라졌고 그들의 설 자리도 보이지 않더라. 또 내가 죽은 자들을 보니, 작은 자나 큰 자나 하나님 앞에 서 있는데, 책들이 펴져 있으며 또 다른 책도 펴져 있는데 그것은 생명의 책이라. 죽은 자들은 자기들의 행위에 따라 그 책들에 기록된 대로 심판을 받더라. 바다도 그 안에 있던 죽은 자들을 넘겨주고 또 사망과 지옥도 그들 안에 있던 죽은 자들을 넘겨주니 그들이 각자 자기들의 행위에 따라 심판을 받으며

계시록 21:3에 기록된 하나님의 성막은 장막절의 완성으로 해석할 수 있다.

* 계시록 21:1~4

또 내가 새 하늘과 새 땅을 보니, 처음 하늘과 처음 땅은 사라지고, 바다도 더 이상 있지 아니하더라. 나 요한은 거룩한 도성 새 예루살렘이 하나님께로부터 하늘에서 내려오는 것을 보았는데 마치 신부가 자기 남편을 위하여 단장한 것같이 예비되었더라. 또 내가 들으니, 하늘에서 큰 음성이 나서 말하기를 "보라, 하나님의 성막이 사람들과 함께 있어 그분께서 그들과 함께 거하시리니, 그들은 그분의 백성이 되고 하나님께서는 친히 그들과 함께 계셔서 그들의 하나님이 되시리라. 하나님께서 그들의 눈에서 모든 눈물을 닦아 내시며, 다시는 사망이나 슬픔이나 울부짖음이 없고 고통 또한 없으리니, 이는 이전 것들은 다 사라져 버렸음이라"고 하더라.

이제 해석의 마지막 단계로 나아가 보자.
앞서 해석한 것처럼 만약 그리스도의 재림이 나팔절에 진행된다면 그때 하늘의 나팔 소리는 언제일까?

바벨론 포로 생활에서 돌아온 후, 유대인은 가을 나팔절(욤테루아)을 로쉬 하샤나라고 하며 한 해의 시작으로 바꾸었다. 그리고 나팔절 일출과 함께 쇼파르(양각 나팔)를 불어 한 해의 시작을 기념한다. 단, 나팔절이 정기 안식일인 토요일과 겹치게 되는 날에는 나팔을 불지 않고 그다음 날인 일요일에 나팔을 분다. 그것은 유대인의 종교법인 할라카(Halakah)에 의해 도구를 사용하지 않는다는 안식일 규정을 지키기 위한 것이다. 하지만, 앞서 언급한 것처럼 안식일의 목적은 거룩한 모임에 있는 것이므로 안식일 규정을 지키기 위해서 나팔을 불지 않는 것은 유대인의 경직된 율법해석이다. 따라서, 그리스도께서 재림하실 때는 유대인의 잘못된 율법해석에 얽매이지 않고 나팔절(욤테루아)에 나팔이 울려 퍼질 것으로 예상된다. 유대인들은 한 해의 시작을 기념하며 나팔을 불지만, 원래 나팔절 나팔의 진정한 의미는 왕의 행차를 예고하는 것이기 때문이다.

결국, 레위기 23장에 계시된 나팔절의 나팔소리는 과거도 아니고 한 해의 시작도 아닌 미래 곧 진정한 왕이신 그리스도의 재림을 기념하는 것이었다!

과학이 발달하기 전에는 유대력 티쉬리(Tishri) 1일 전날 저녁(Rosh Hashana Eve)에 초승달을 확인하는 것이 전통적으로 매우 중요했다. 왜냐하면 초승달은 항상 서쪽 하늘에서 일몰 직후 아주 짧은 시간 동안만 관찰되기 때문이다. 초승달은 매우 얇고 희미하기 때문에 맑은 하늘과 깨끗한 지평선이 필요했다. 일몰 직후 두 명 이상의 증인이 초승달을 관측하고 산헤드린에 가서 자신이 본 것을 증언했다. 산헤드린이 증인의 보고를 검토하고 새로운 달의 시작을 선언하면, 이 선언은 나팔(Shofar) 소리와 함께 예루살렘을 통해 전파되었다. 전파되는 데 시간이 소요되었으므로 유대인들은 나팔절에 이틀 쉰다.

이제 마지막으로 구약 성경 스가랴에 기록된 예언을 보자. 14장

4절에 올리브 산으로 강림하시는 그리스도가 예언되고 있으며, 14장 7절에 보면 저녁 무렵에 빛이 있게 되리라고 기록되어 있다. 사도행전 1장에 기록된 그리스도의 승천 장소는 올리브 산이었다!

> * 스가랴 14:3~7
> 그때에 주께서 나가 그 민족들을 대적하여 싸우시리니, 전쟁의 날에 싸우셨을 때처럼 하시리라. 그의 발이 그 날에 예루살렘 앞 동편에 있는 올리브 산 위에 서시리니, 올리브 산은 그 중간이 동쪽과 서쪽으로 갈라져 매우 큰 골짜기가 생길 것이며, 산의 절반은 북쪽으로, 산의 절반은 남쪽으로 옮겨지리라. 너희는 산들의 골짜기로 도망하리니, 이는 산들의 골짜기가 아살까지 미칠 것임이라. 정녕 너희가 도망하리니, 마치 유다의 웃시야왕의 시대에 너희가 지진 앞에서 도망했던 것과 같으리라. 주 나의 하나님께서 오시리니, 모든 성도들이 주와 함께하리이다. 그 날에는 빛이 명료하지 아니하고 어둡지도 아니하리라. 그러나 주께 알려질 한 날이 있으리니, 낮도 아니요 밤도 아니나 저녁 무렵에 빛이 있게 되리라.

이상의 모든 해석을 취합하여 결론을 내리면 다음과 같다.

유대력 6457년 나팔절 저녁(Rosh Hashana Eve) 예루살렘에 초승달이 뜰 때 시작된다. 태양력으로 환산하면 2696년 9월 18일 저녁 7시쯤이다.
온 세상에 나팔 소리가 울려 퍼질 것이고, 그리스도의 재림은 그 다음 날인 9월 19일(티쉬리 1, 6457 유대력) 토요일 저녁 무렵 예루살렘 올리브 산으로 추측된다.
GPS 좌표는 31°46'43" N, 35°14'44" E이다.

2696년 가을 하나님의 절기를 유대력과 태양력으로 각각 정리하면 다음과 같다.

유대력	일	월	화	수	목	금	토
6457년 티쉬리						초승달	1 나팔절
	2	3	4	5	6	7	8
	9	10 대속죄일	11	12	13	14	15 장막절
	16	17	18	19	20	21	22 쉐미니 아쩨레트
	23	24	25	26	27	28	29

태양력	일	월	화	수	목	금	토
2696년 9월 ~ 10월						9/18 초승달	19 나팔절
	20	21	22	23	24	25	26
	27	28 대속죄일		30	10/1	2	3 장막절
	4	5	6	7	8	9	10 쉐미니 아쩨레트
	11	12	13	14	15	16	17

이제 앞에서 살펴본 출애굽 때의 기록과 비교해 보자.

유대력	일	월	화	수	목	금	토
7월 티쉬리							1 나팔절
	2	3	4	5	6	7	8
	9	10 대속죄일 두 번째 돌판	11	12	13	14	15 장막절
	16	17	18	19	20	21	22 쉐미니 아쩨레트
	23	24	25	26	27	28	29

출애굽 때의 나팔절이 정기 안식일이었던 것처럼 그리스도의

재림 시 나팔절도 역시 정기 안식일이 될 것이다. 하나님의 역사는 수천 년에 걸쳐서 일정한 달의 패턴을 보여주고 있음을 알 수 있다.

요한 계시록에 기록된 마지막 시대의 일정은 그리스도 재림 전에 큰 전쟁이 있고(계 19장), 천년왕국이 진행되고(계 20장), 그 천년왕국의 끝에 새 하늘과 새 땅이 도래하는 것으로 구성되어 있다(계 21~22장).

티쉬리 1일 나팔절에 왕이신 그리스도께서 다시 오시고, 10일 대속죄일이 최후 심판으로 완성된다면, 15일부터 진행되는 일주일의 장막절은 천년왕국의 그림자로 볼 수 있다. 특히 장막절 마지막 제8일째는 다시 안식일이 있다(레 23:36, 레 23:39). 이 특별한 안식일은 천년왕국이 지난 후, 불완전한 것들이 다 사라진 완전한 회복과 안식 즉 새 하늘과 새 땅을 의미한다.

유대인들은 1년에 한 번 토라를 읽도록 정해두었는데, 장막절 8일째 마지막 부분을 읽는다. 그리고 그다음 날부터 새로 토라를 읽기 시작하는데 이를 심카토라(토라를 기뻐하다라는 뜻)라고 한다. 장막절 제8일째를 유대인들은 쉐미니 아쩨레트(Shemini Atzeret, 장엄한 대회)라고 하며 토라의 중요성을 다시 인식한다. 예수그리스도를 통한 만백성의 구원이라는 하나님의 큰 그림을 이해하지 못하는 유대인들은 결국 1년이라는 쳇바퀴를 벗어나지 못하는 한계를 가진다.

유대인들은 하나님의 절기를 통해 지나간 과거를 회상할 뿐이지만, 예수의 십자가 은혜를 깨달은 그리스도인들은 하나님의 절기를 통해 미래를 바라볼 수 있다. 예수의 제자들이 하나님의 절기를 기억해야 하는 결정적인 이유다!

혹자는 성경의 다음 구절을 들어 그리스도의 재림에 대한 해석 자체를 거부하는 경향이 있다. 거짓 계시로 사회적 물의를 일으킨 이단들 때문에 더욱 그러하다.

* 사도행전 1:3~9

예수께서 고난을 당하신 후 자신이 살아 계심을 그들에게 많은 무오한 증거들로 보여 주시고 사십 일 동안 그들에게 보이시며 하나님의 나라에 관한 일들을 말씀하셨노라. 또 사도들과 함께 모이셨을 때에 그들에게 예루살렘을 떠나지 말고 아버지의 약속을 기다려야 한다고 명령하셨으니 주께서 말씀하시기를 "그것은 너희가 내게서 들은 바니라. 요한은 정녕 물로 침례를 주었으나 너희는 여러 날이 지나지 않아 성령으로 침례를 받으리라."고 하시더라. 그러므로 그들이 함께 모였을 때에 주께 물어 말씀드리기를 "주여, 이 때에 이스라엘에 그 왕국을 다시 회복하시겠나이까?" 하니 주께서 그들에게 말씀하시기를 "너희에게는 그 때나 시기를 알게 하신 것이 아니요, 아버지께서 자신의 권한에 두셨느니라. 그러나 성령께서 너희에게 임하시면 너희가 능력을 받으리니 그러면 예루살렘과 온 유대와 사마리아와 땅 끝까지 이르러 내게 증인이 되리라."고 하시니라. 주께서 이런 일들을 말씀하신 후에 그들이 보는 데서 위로 들려 올라가시니 구름이 그들의 시야에서 주를 가리더라.

그리스도께서 승천하실 때 제자들이 하나님 나라의 회복에 관해서 물어본 것인데, 이 말씀을 제대로 이해하기 위해서는 그 당시 유대인들의 상황을 알아야 한다.

예수의 십자가 사건 당시 유대인들은 로마의 식민 지배 아래 있었고 그들에게 있어서 하나님 나라는 정치적 메시아의 등장 및 이스라엘의 정치적 회복을 포함하는 것이었다. 따라서, 에세네파 및 열심당의 영향을 받은 그 당시의 제자들도 다분히 이스라엘의 정치적 독립이 수반된 하나님 나라의 회복을 물어본 것이다.

하지만, 승천을 얼마 남겨두지 않은 예수께서는 그들의 편협한 견해를 무시하시고 그냥 너희는 나의 증인이 되라고만 말씀하셨다.

그리스도의 제자들은 달(인류 구원) 대신 손가락(이스라엘의 회복)만 쳐다보고 있었다.

역사의 큰 그림은 하나님 손에 있는데, 하나님께서는 이미 구약시대에 다니엘, 에스겔, 스가랴 등 여러 선지자를 통해 그 전체적인 그림을 계시해 주셨다. 그리고 신약시대에는 그리스도께서 요한을 통해 아주 상세한 계시를 주셨다. 앞에서 살펴본 것처럼 구약의 예언과 신약의 예언은 한 때와 두 때와 반 때라는 고리로 연결되어 있음을 확인하였다.

앞에서 출애굽과 십자가 사건의 요일별 일정을 살펴보았고, 두 번 모두 같은 요일에 발생한 것을 확인할 수 있었다. 두 번의 사례로 비추어 볼 때, 예수께서 다시 오실 그때도 하나님의 절기는 같은 요일을 공유할 것이다. 왕의 행차를 알리는 나팔절과 정기 안식일이 겹칠 것이다.

창조의 원리 안에 정교한 수학 법칙이 있는 것처럼, 인류 구속사도 수천 년에 걸쳐 반복되는 달의 패턴을 따라 진행되고 있다.

대환난 3년 반

그리스도 재림 전 대환난 3년 반은 한 때와 두 때와 반 때, 마흔 두 달, 일천이백육십 일이라고 표현되었다. 그중에서 계시록 11, 12장에 기록된 1260일이 제일 명확하다.

만약 그리스도의 재림이 2696년 9월 19일 나팔절(티쉬리 1, 6457 유대력)이 맞는다면, 대환난은 그로부터 1260일 전에 시작된다. 그리고 그 날짜는 2693년 4월 8일 토요일(니산 10, 6453 유대력)로 계산된다. 그리고 4일 뒤인 2693년 4월 12일 수요일(니산 14, 6453 유대력)부터 유월절이 시작된다. 이때도 역시 유월절은 수요일이 된다.

니산 10일은 유월절 어린양을 준비하는 날이다. 복음서 기록을 보면 예수께서는 니산 10일에 예루살렘에 입성하신 것으로 되어 있는데, 이는 하나님께서 준비하신 유월절 어린양을 의미한다.

마지막 시대 대환난 기간에는 박해자들의 등장이 예고되어 있는데(계 13장), 그중에는 메시아를 흉내 내는 거짓 선지자가 포함되어 있다(계 19장). 데살로니가 후서에 기록된 다음의 기록은 그러한 예언을 뒷받침한다.

> * 데살로니가후서 2:3~4
> 아무도 어떤 모양으로든지 너희를 미혹하지 못하게 하라. 이는 먼저 배교하는 일이 이르지 않고, 또 그 죄의 사람 곧 멸망의 아들이 나타나지 않고서는 그 날이 오지 아니함이라. 그는 대적하는 자며, 또 하나님이라고 불리는 모든 것과 숭배받는 대상 위에 자신을 높여 하나님의 성전에 앉아 하나님처럼 보여 자신을 하나님

이라고 하느니라.

계시록의 예언에 따르면 대환난에 등장할 거짓 선지자에게는 세상 사람들을 현혹할 만큼 큰 능력이 주어진다.

* 계시록 13:11~13
또 내가 보니, 다른 짐승이 땅에서 올라오는데 어린양처럼 두 뿔을 가졌으며 용과 같이 말하더라. 그가 자기 앞에 있던 첫째 짐승의 모든 권세를 행사하고 또 땅과 거기에 사는 자들로 하여금 치명적인 상처를 치유받은 그 첫째 짐승에게 경배하게 하더라. 또 큰 이적들을 행하는데 심지어는 사람들 앞에서 불을 하늘에서 땅 위로 내려오게 하더라.

불이 하늘에서 땅 위로 내려오는 이적은 모세의 성막(레 9:24), 솔로몬의 성전(대하 7:1) 그리고 엘리야의 갈멜산(왕상 18:38)에서 목격된 바 있다. 신비한 이적을 목격하고 현혹되지 않을 사람이 얼마나 있겠는가?

결론을 요약하면
그리스도의 공생애 3년 반은 복음서의 기록처럼 A.D.26년 가을부터 A.D.30년 유월절까지였고, 거짓 선지자가 등장하는 마지막 시대 대환난 3년 반은 2693년 4월 8일 토요일(유월절 양을 준비하는 날, 니산 10, 6453 유대력)부터 2696년 9월 18일 금요일(Rosh Hashana Eve, 엘룰 29, 6456)까지로 추측된다.

계시록 가이드

신구약을 관통하는 다니엘-계시록 예언의 연결고리는 대환난을 이해하는 중요한 단서이다.

다니엘 7장			한 때 두 때 반 때
다니엘 12장			한 때 두 때 반 때
계시록 11장	마흔두 달	일천이백육십 일	
계시록 12장		일천이백육십 일	한 때 두 때 반 때
계시록 13장	마흔두 달		

계시록은 그리스도의 재림을 전후하여 일어날 사건들을 상세하게 예언하고 있는데, 역사의 전체적인 흐름 안에서 계시록 예언이 갖고 있는 반복 구조를 찾아내야 한다. 먼저 천지 창조부터 새 하늘과 새 땅으로 이어지는 역사에서 중요한 사건들은 대략 다음과 같이 나눌 수 있다. 다니엘 7장, 12장 그리고 계시록 11, 12, 13장은 그리스도 재림 전 대환난 3년 반에 대한 예언이다.

A. 아담의 창조와 타락, 대홍수와 노아의 방주, 바벨탑 사건
B. 아브라함, 모세의 출애굽, 이스라엘의 가나안 정착
C. 예수그리스도의 십자가, 예루살렘 멸망, 복음의 전파
D. 마지막 시대 대환난 3년 반, 그리스도의 재림
E. 천년 왕국과 최후 심판, 새 하늘과 새 땅

성경의 예언은 두 가지 큰 특징을 가지고 있는데, 그것은 바로 반복과 발전이다. 중요한 예언은 반복해서 주어지며 나중에 주어지

는 예언이 더 발전된 형태를 보인다. 그래서 다니엘 7장보다는 다니엘 12장이 더 상세하고, 계시록 11, 12, 13장은 더 상세하다. 정리하면, 마지막 시대 대환난은 다니엘에서 간략하게 두 번 그리고 계시록에서 상세하게 세 번, 도합 다섯 번 예언되었다. 계시록 11, 12, 13장의 예언은 같은 시대를 예언한 것이지만, 바라보는 시각이 각각 다르다. 11장은 성전과 두 증인, 12장은 이스라엘 민족, 13장은 짐승과 거짓 선지자에 관한 예언이다. 반복과 발전이라는 예언의 특성을 적용하면 복잡한 계시록의 구조도 쉽게 파악할 수 있다. 계시록은 모두 22장으로 구성되어 있는데 각 장의 주제는 다음과 같다.

1장 : 계시록을 기록한 배경
2~3장 : 일곱 교회에 보내는 편지
4~5장 : 하나님의 보좌와 예수그리스도

6장 : 일곱 봉인의 예언
7장 : 144,000에 대한 예언

①

8~10장 : 일곱 나팔의 예언
11~13장 : 3년 반 대환난에 대한 반복 예언
14장 : 144,000에 대한 추가 예언

②

15~16장 : 일곱 호리병의 재앙과 아마겟돈 전쟁
17~18장 : 큰 창녀 및 큰 바빌론에 대한 심판
19장 : 그리스도 재림과 짐승, 거짓 선지자에 대한 심판

③

20장 : 천년 왕국과 마귀에 대한 심판, 백보좌 심판
21~22장 : 새 하늘과 새 땅, 새 예루살렘

계시록 6~7장과, 8~14장, 15~19장은 그리스도 재림 전 상황을 세 번 반복해서 예언하고 있다. 물론 뒤로 갈수록 점점 더 상세한 예언이 주어진다. 6장부터 19장까지 이어지는 변화무쌍한 예언이 세 번 반복되는 예언임을 파악하고 나면 계시록 이해가 조금은 수월해진다.

두 번째 반복되는 8~14장 예언에서 11, 12, 13장은 대환난 3년 반을 다시 세 번 반복하고 있다. 벽에 걸린 3개의 액자 중에서 두 번째 액자(계 8~14장) 안에는 작은 액자 3개(계 11, 12, 13장)가 들어 있는 구조이다.

계시록 20장은 그리스도의 재림 후 이어지는 천년 왕국과 최후 심판을 예언하고 있으며, 21~22장은 하나님께서 완성하시는 새 하늘과 새 땅에 대한 예언으로 마무리된다.

계시록으로 사람들을 현혹하는 이단들은 많았고 앞으로도 많을 것이다. 창세기에 등장한 뱀의 혀가 계시록이라고 해서 왜 없겠는가? 뱀의 혀를 간파하기 위해서는 탐심을 버리고 성경적 종말론과 그리스도의 재림을 바르게 이해해야 한다.

창세기 1장 1절

히브리어 알파벳은 철자마다 숫자가 부과되어 있는데, 히브리어 철자를 보고 숫자를 계산하여 숨겨진 뜻을 알아내는 방법을 게마트리아(Gematria)라고 한다. 은유 또는 비유의 한 가지로 볼 수 있으며, 게마트리아 중에서 제일 유명한 것은 계시록의 666이다.

신약 성경 다른 곳에도 게마트리아 흔적이 있는데, 대표적인 것이 마태복음에 등장하는 예수그리스도의 족보이다.

아브라함부터 다윗까지 14대, 다윗부터 바벨론 유수까지 14대, 바벨론 유수부터 예수그리스도까지 14대라는 표현이 나오는데, 여기에 등장하는 숫자 14는 다윗의 히브리 표기를 숫자로 환산한 것이다. 마태복음 주요 독자층이 유대인 그리스도인이었으므로 이는 유대인들을 위한 마태의 배려였다. 다윗의 후손으로 오신 메시아 예수그리스도를 설명하기 위한 도입부인데, 유대인들은 14라는 숫자를 보면 다윗을 떠올린다고 한다.

요한복음에는 물고기 153마리라는 표현이 등장한다. 요한복음 21장에 부활하신 그리스도께서 고기 잡는 제자들을 찾아오시는 내용이 기록되어 있는데, 그때 제자들이 잡은 물고기의 숫자가 153마리이다. 많은 물고기라고 해도 될 텐데 굳이 153마리라고 언급한 것은 왜일까? 이것은 하나님의 아들들이라는 히브리 알파벳의 숫자 값과 일치하는데, 제자들이 장차 복음을 전하여 하나님의 아들들을 불러 모을 것을 암시한다는 해석이 있다.

성경의 기록이 무미건조한 증언들로만 구성되어 있지 않고, 저자들의 개성을 반영한 문학적 표현이 많음을 고려할 때 충분히 가능한 일이다. 복음서 곳곳에 등장하는 예수님의 비유와 언어유희를 본다면 인간과 소통하시는 하나님의 촌철살인 같은 은유를 느낄 수 있다. 그렇다면, 성경 어딘가에 그리스도의 초림 및 재림과 관련된 게마트리아 단서도 감추어져 있는 것은 아닐까?

   이 해석에서는 창세기 1장 1절의 선언이 그러한 게마트리아 단서를 포함하고 있다고 추론한다.

   먼저, 그리스도의 탄생 시기를 살펴보자.

   헤롯왕 사망 시기인 B.C.4년일 것이라는 주장이 제일 널리 알려져 있다. 하지만, B.C.4년 탄생설은 십자가 사건 후 약 500년이 지난 중세 때 제한적으로 주어진 역사적 기록에 근거한 계산이므로 정확도가 떨어진다.

   컴퓨터 기술이 급속히 발전한 21세기 들어서, B.C.6년 이야르 28일(태양력으로는 5월)이 예수의 실제 탄생일이라는 새로운 해석이 제시되었다. 이 주장은 유진 폴스티히(Eugene W. Faulstich, 성경 연대기 연구가)의 해석인데, 한국에서는 성경과학연구소 153 쉘터교회 김명현 박사님의 강의를 통해서 그 구체적인 내용을 접할 수 있다.

   이 해석의 근거는 동방 박사 이야기에 나오는 별들의 움직임이 854년마다 발생하는 목성과 토성의 특별한 움직임이며, 이러한 현상이 발생한 것은 B.C.7년임을 밝히고 있다. 천문학과 이를 재현할 수 있는 컴퓨터 기술의 발전이 있었기에 가능한 일이다. 따라서 B.C.6년 그리스도 탄생설은 중세 시대에 제시된 B.C.4년 탄생설보다 더 나은 과학적 해석이다.

   만약, 그리스도의 탄생이 B.C.6년이고, 재림이 본문에서 해석한 것처럼 A.D.2696년이라면 그 시간적 간격은 얼마나 될까?

$$6+2696-1 = 2701$$

   1을 빼는 이유는 기원 0년이 없기 때문이다. 따라서, 초림과 재림의 시간적 간격은 2701년으로 추측된다.

이제 창세기 1장 1절로 가보자.

창세기 1:1의 히브리 철자는 모두 일곱 단어로 구성되어 있는데, 이와 관련된 특별한 게마트리아 해석을 찾아볼 수 있다.

> 창 1:1의 숫자 값 안에는 베스티기움 트리니타티스(Vestigium Trinitatis, 삼위일체)라고 볼 수 있는 놀라운 숫자적 질서가 존재한다. 7 단어 문자 값의 합은 2701이다. 이 2701은 73번째 삼각수(즉 1+2+----+73)이다. 이 삼각형의 삼각변의 합은 216=6*6*6=정육면체 수인데, 이 수는 부피값과 표면적이 동일한 유일한 수이다. 혹시 이것은 하나님의 형상을 닮은 인간의 창조에 대한 웅변적 계시는 아닐까? 즉 삼위일체의 흔적을 수학의 질서에 대비시킬 수 있게 된다. - 창조신학연구소

창세기 1:1의 기록이 창조신학연구소의 주장처럼 삼위일체의 오묘함을 계시한 것인지, 아니면 이 해석이 다루는 것처럼 그리스도의 초림과 재림 사이의 기간을 함축한 것인지, 아니면 둘 다 모두인지 알 수는 없다. 하지만, 수학자들의 주장처럼 2701이라는 삼각수는 매우 특별한 숫자임이 분명하다. 일곱 단어로 구성된 창조 선언은 매우 특이한 숫자를 함축하고 있다.

만약 그리스도의 초림이 B.C.6년이고, 재림이 A.D.2696년이라면, 초림과 재림 사이 2701년이라는 기간은 창세기 1:1에 이미 계시되어 있었던 것은 아닐까? 성령의 감동으로 우리가 미처 생각지도 못했던 차원 높은 은유가 함축된 것은 아닐까? 그래서 다음과 같은 과감한 해석을 시도해 본다.

천지 창조의 궁극적 목적은 그리스도의 십자가를 통해 하나님의 자녀들을 얻는 것이다!

B.C.6년 성탄일

　하나님의 역사는 달의 형상을 따라 일정한 패턴을 갖고 있음을 확인해 보았다. 출애굽과 십자가 사건, 그리고 앞으로 남은 그리스도의 재림까지 모두 나팔절과 정기 안식일이 겹치는 패턴을 보였다. 그렇다면 혹시 그리스도께서 이 땅에 오셨을 때도 그러하지 않았을까?

　그리스도의 탄생에 대한 구체적인 날짜는 성경에 언급되지 않았으나 하나님의 절기와 성경에 남겨진 기록으로 구체적인 그리스도 탄생일을 추론해 보고자 한다.

　앞에서 언급한 것처럼 그리스도의 탄생 연도는 목성과 토성의 움직임에 근거한 B.C.6년 학설이 과학적으로 타당하다. 다만, 탄생에 관한 날짜는 과학적인 것이 아니고 기원후 2세기 알렉산드리아의 세인트 클레멘트(St. Clement,150-220)의 기록에 의한 것이다. 그리스도의 어머니 마리아 또는 사도 요한이 알려준 것이라면 그 기록은 신빙성을 가질 것이나, 클레멘트는 예수님 승천 후 약 200년 뒤 자료들을 수집하여 기록으로 남겼으니 그 기록의 신빙성은 여전히 의문이다.

　그래서, 이 해석에서는 하나님의 절기를 기준으로 그리스도의 탄생에 관한 가설을 세우고 이를 추론하고자 한다. 왜냐하면 하나님께서 당신의 역사를 진행하실 때, 수천 년에 걸친 오묘한 달의 패턴을 사용하셨으니, 그리스도의 초림도 그런 패턴을 따라 진행되었을 것으로 추측되기 때문이다.

　이 해석의 가설을 요약하면 다음과 같다.

* 성령 잉태일 추측:
나팔절, 티쉬리 1, 유대력 3754 = B.C.7년 9월 4일(토)

* 그리스도 탄생일 추측:
칠칠절, 시완 6, 유대력 3754 = B.C.6년 6월 1일(수)

나팔절의 나팔 소리는 왕의 행차를 의미한다. 그래서, 예수의 성령 잉태 즉 예수께서 지구에 내려오신 날은 B.C.7년 나팔절이었을 것이다. 유대인의 음력 달력은 보통 12달로 되어 있으나 이것은 1년이 354일이므로 19년마다 7개의 윤달을 산입한다. 예수께서 잉태되신 B.C.7년(유대력 3754년)에는 윤달(아다르)이 끼어 있어서 티쉬리와 시완 사이 기간이 보통 때 보다 한 달 정도 늘어나게 되었다. 그래서 탄생일은 B.C.6년 칠칠절과 겹쳤을 것이다.

그래서 ChatGPT(Open AI 가 개발한 대화전문 인공지능 챗봇)에게 물어보았다.

질문 1
B.C.7년 9월 3일 임신했다면 예상 출생일은 언제인가? (성령의 잉태 시점을 초승달이 뜨는 나팔절 전날 밤 즉 Rosh Hashana Eve로 추측하였으므로 잉태 시점을 9월 3일로 질문하였다.)

ChatGPT 답변
B.C.7년 9월 3일에 임신하면 예정 출산일을 계산하기 위해 일반적인 임신 기간인 280일을 더하면 됩니다. B.C.7년 9월 3일에 임신했다면 예상 출산일은 B.C.6년 6월 10일이 됩니다.

일단 이 해석에서 제시한 가설(B.C.6년 6월 1일)과는 약 10일의 차이가 있다. 그 부분을 다루기 전에 먼저 예수께서 베들레헴에서 탄생하신 누가복음 기록을 보자.

> * 누가복음 2:1~7
> 당시에 카이사 아우구스토로부터 한 칙령이 내려 온 세상이 조세등록을 하게 되었는데, (이 조세등록은 쿠레뇨가 시리아의 총독이었을 때 처음 실시된 것이었더라.) 그때 모든 사람이 각기 자기의 고향 성읍으로 조세등록하러 가니라. 요셉도 갈릴리 나사렛 성읍에서 유대 다윗의 성읍, 즉 베들레헴이라는 곳으로 가니 (이는 그가 다윗 가문의 계열이기 때문이더라.) 그가 자기와 정혼한 아내 마리아와 함께 조세등록하러 갔는데, 그녀는 아이로 인하여 배가 불렀더라. 그들이 그곳에 있는 동안 날이 차서 그녀가 해산하게 되었더라. 그리하여 그녀가 자기의 첫아들을 낳아 그를 포대기로 싸서 구유에 누이니, 이는 여관에 그들이 들 방이 없었기 때문이라.

누가복음의 기록에는 조세 등록으로 되어 있지만, 조세 등록으로 사람들이 몰려들어서 여관에 방이 없었다는 것은 뭔가 좀 이상하지 않은가?

그 당시 유대인들은 하나님께서 정하신 규례에 따라 일 년에 세 번 예루살렘을 방문하는 관습이 있었다.

> * 신명기 16:16
> 너희 중 모든 남자는 주 너의 하나님 앞에 일 년에 세 번씩, 즉 무교절과 칠칠절과 장막절에 그분께서 선정하실 곳에 나오되 그들은 빈손으로 주께 나오지 말지니라.

여관에 방이 모자란 이유는 조세 등록 때문만이 아니라 하나님께서 명하신 명절을 지키려고 많은 사람이 고향에서 올라왔기 때문일 것이다. 조세등록도 하고 하나님께서 명하신 명절도 지키고 겸사겸사 시골 사람들이 예루살렘으로 올라왔는데 그때가 마침 칠칠절이었던 것으로 추측된다. 마리아의 출산일이 다가왔으므로 요셉은 그녀를 혼자 고향에 두지 못하고 함께 예루살렘으로 가고 있었을 것이다. 그리고 그때 베들레헴은 예루살렘에서 그리 멀지 않으니 남쪽 지방에서 올라온 유대인들로 북적거렸을 것이다. 그래서 여관에 빈방이 없었을 것이다. 요셉과 마리아가 예수 탄생 후 유월절 명절이면 예루살렘으로 올라간 기록을 볼 때, 마리아의 남편 요셉은 그러한 규례를 엄격히 지킨 것으로 추측된다.

누가복음의 저자 누가는 유대인이 아니고 헬라인으로 알려져 있다. 누가복음의 주요 독자층도 헬라인이다. 그래서 복음서 기록 시 익숙하지 않은 유대 명절에 관한 내용을 빼고 쓴 것은 아닐까?

만약 그리스도의 탄생일이 앞서 추측한 것처럼 칠칠절이라면 ChatGPT의 계산 B.C.6년 6월 10일과는 10일간의 차이가 발생한다. 그래서 ChatGPT에게 한 번 더 질문해 보았다.

질문 2
평균 임신기간은 얼마인가?

ChatGPT 답변
평균 임신 기간은 약 280일, 즉 40주입니다. 이는 마지막 생리 시작일(LMP, Last Menstrual Period)부터 계산합니다. 임신 기간은 약 9개월이지만, 주 단위로는 40주로 계산합니다. 임신 주수는 일반적으로 임신 초기에 초음파 검사를 통해 보다 정확하게 확인할 수 있습니다.

이제 열흘의 차이가 나는 이유를 알게 되었다. 앞서 ChatGPT가 제시한 평균 임신 기간 280일은 마지막 생리 시작일(LMP, Last

Menstrual Period)부터 계산한 것이었다. 그래서 원래 임신 기간은 약 9개월(270일)이지만, 생리일을 감안하여 주 단위로는 40주(280일)로 계산한 것이었다. 하지만 그리스도는 성령으로 잉태되신 것이므로 생리 시작일과 무관하게 임신 기간을 270일로 본다면 그리스도의 탄생일은 B.C.6년 5월 31일 밤에서 6월 1일 새벽 사이(칠칠절)로 계산된다.

누가복음에는 성탄절 밤에 들에서 양을 지키는 목자들의 이야기가 나온다. 이스라엘의 겨울 날씨를 감안할 때 한밤중에 들판에서 양을 돌보는 것은 대략 4월에서 10월까지이다. 따라서 5월 말 탄생은 누가복음의 기록과도 부합하는 추측이라고 볼 수 있다.

만약 이 가설이 맞는다면 그리스도께서 성령으로 잉태되신 B.C.7년 나팔절도 역시 정기 안식일인 토요일과 겹치는 것이 참으로 오묘하지 않은가? 왕의 행차를 알리는 나팔절과 정기 안식일이 겹칠 때, 그리스도께서 이 땅에 오셨고 다시 오실 것이다.

그에 더하여 출생도 역시 하나님의 절기 중 하나인 칠칠절과 겹치는 것이 신기하지 않은가? 태어나신 그 해에 특별히 아다르 윤달이 있어서 나팔절과 칠칠절 사이 기간이 보통 때 보다 한 달 정도 더 늘어나 있었다.

출애굽 때, 예수그리스도께서 성령으로 잉태되신 때, 탄생하신 때, 십자가를 이기고 부활하신 때, 그리고 앞으로 다시 오실 때, 이 모든 역사적 순간은 하나님께서 정하신 달의 패턴을 따라 하나님의 절기에 맞춰서 진행되고 있다. 그리고 그날들은 수천 년에 걸쳐서 모두 특정 요일을 공유하고 있다.

우리가 무심코 바라보는 달은 인류 구속사의 거대한 시계다. 이 장구한 역사의 파노라마는 오직 하나님께만 가능한 일이다!

사람의 전통과 하나님의 진리

예수님의 승천 후, 복음은 온 세상에 널리 전파되었다. 하지만, 로마의 기독교 공인 후 교회는 잘못된 신학과 전통으로 하나님의 진리를 많이 잃어버렸다. 중세 때 종교 개혁이 일어났으나 미봉책에 불과하였다.

출애굽 때, 아론의 금송아지 사건을 되짚어 보자. 아론은 금송아지를 만들어 두고, 그것을 하나님이라고 소개한다(출 32장). 그 결과 하나님의 진노를 사게 된다. 나중에 아론의 두 아들 나답과 아비후는 하나님이 명하시지 않은 다른 불로 제사를 드리다가 불에 타 죽는다(레 10장). 하나님을 두려워하지 않고 자기 마음대로 행한 결과이다. 중세 때, 돈과 권력을 가진 성직자들이 하나님을 두려워하지 않고 자기들 마음대로 인간의 전통을 만들어 하나님의 진리를 가렸다. 하나님께서 오래 참으신다고 해서 마치 뒷방 늙은이처럼 취급한 것은 아닐까?

우리는 모두 결국 하나님의 심판대 앞에 서야 할 날이 있다. 그날 잘못된 결과에 대해서 소경 된 선생을 탓한들 무슨 소용이 있겠는가? 선생들의 말을 덮어놓고 믿지 말고 성경에 계시된 하나님의 말씀을 스스로 공부하여 진리를 분별하는 것이 현명한 길이다. 과거와 달리 이제 누구나 자유롭게 성경을 볼 수 있으니 심판대 앞에서 나는 몰랐다는 변명의 여지가 들어설 자리가 없다. 왜 알려고 하지 않았느냐!라는 준엄한 꾸짖음을 어떻게 피할 수 있겠는가?

자기를 완전히 부인하고 하나님을 전심으로 사랑하게 되면 깨닫게 되는 성경적 진리를 몇 가지 나열해 보았다.

잘못된 전통을 버릴 때 살아계신 하나님의 진리를 보게 된다!

주제	잘못된 전통	성경적 진리	비고
거룩한 모임	일요일	안식일	* Lex Meyer 목사 unlearnthelies.com * 하나님의 시간표(김삼성 지음, 열두제자)
절기	성탄절 부활절 대림절 추수감사절 등등	유월절 무교절 초실절 오순절 나팔절 대속죄일 장막절	
헌금	십일조 각종 헌금	자발적 연보	* 십일조는 누구의 것인가(조성기 지음, 평단)
교회 계급	성직자와 평신도의 구분	선생은 한 분 그리스도, 나머지는 모두 형제 자매	* 마태복음 23:8~12
성전	교회 건물과 성전을 동일시 하는 경향	단순한 건물	* 십자가 사건 후 A.D.70년 예루살렘 성전 파괴는 성전 중심 신앙의 종말을 의미
반유대주의	대체 신학	이스라엘은 참감람나무	* 1948년 이스라엘 건국, 마지막 시대의 시작 예고
천년왕국	후천년주의 무천년주의	전천년주의	* 황용현 목사(아미교회)
종말론	지구의 파괴	창조세계의 회복	* 새 하늘과 새 땅(리처드 미들턴 지음, 새물결플러스)
육체와 영혼	이원론	육체와 영혼의 분리 불가능	* 두렵고 황홀한 역사(바트 어만 지음, 갈라파고스)
참 예배	형식적 예배	예수를 따르는 거룩한 삶	* 로마서 12:1

들을 귀 있는 자는 들을지어다!

십자가 사건 후 시간은 거의 2000년이나 지났다. 복음은 이미 땅끝까지 전해졌고 예배당은 지구촌 구석구석 들어서 있다. 그런데 왜 예수님은 아직도 오시지 않는가?

지구의 면적은 한정되어 있고 영생을 상속받을 사람들의 숫자는 정해져 있다는데, 많은 시간이 지났고 여전히 많은 세월이 남았다는 것은 시사하는 바가 크다. 부름을 받은 사람은 많아도 택함을 받은 사람은 적다는 경고가 귓가에 울린다.

예수께서는 자칭 아브라함의 자손이요 모세 율법의 권위자인 서기관과 바리새인들을 엄하게 질책하셨다. 돈과 권력, 인간의 전통과 잘못된 신학으로 길을 잃은 기독교라고 해서 예외로 두실까?

그렇지 않다. 하나님의 공의가 훼손되기 때문이다.

진실은 고통스럽다. 교회가 너무나 오랫동안 삶은 개구리 증후군(Boiled frog syndrome)을 앓고 있다.

살아계신 하나님을 두려워할 때 오랜 잠에서 깰 수 있다. 계명이 사랑임을 깨닫고 그 중요성을 깨닫는 것을 시작으로, 하나님의 청사진, 그분께서 정하신 때를 기억하는 것이 하나님을 존중하는 것이다. 인본주의 신앙을 극복하고 하나님 중심의 참 신앙을 회복할 때, 진정한 평안을 얻고 하나님의 오묘한 섭리를 깨닫게 된다.

뿌리 깊은 인본주의 기복 신앙, 그 난파선(難破船)을 떠나라!

2025년 9월 23일
Tishri 1, 5786

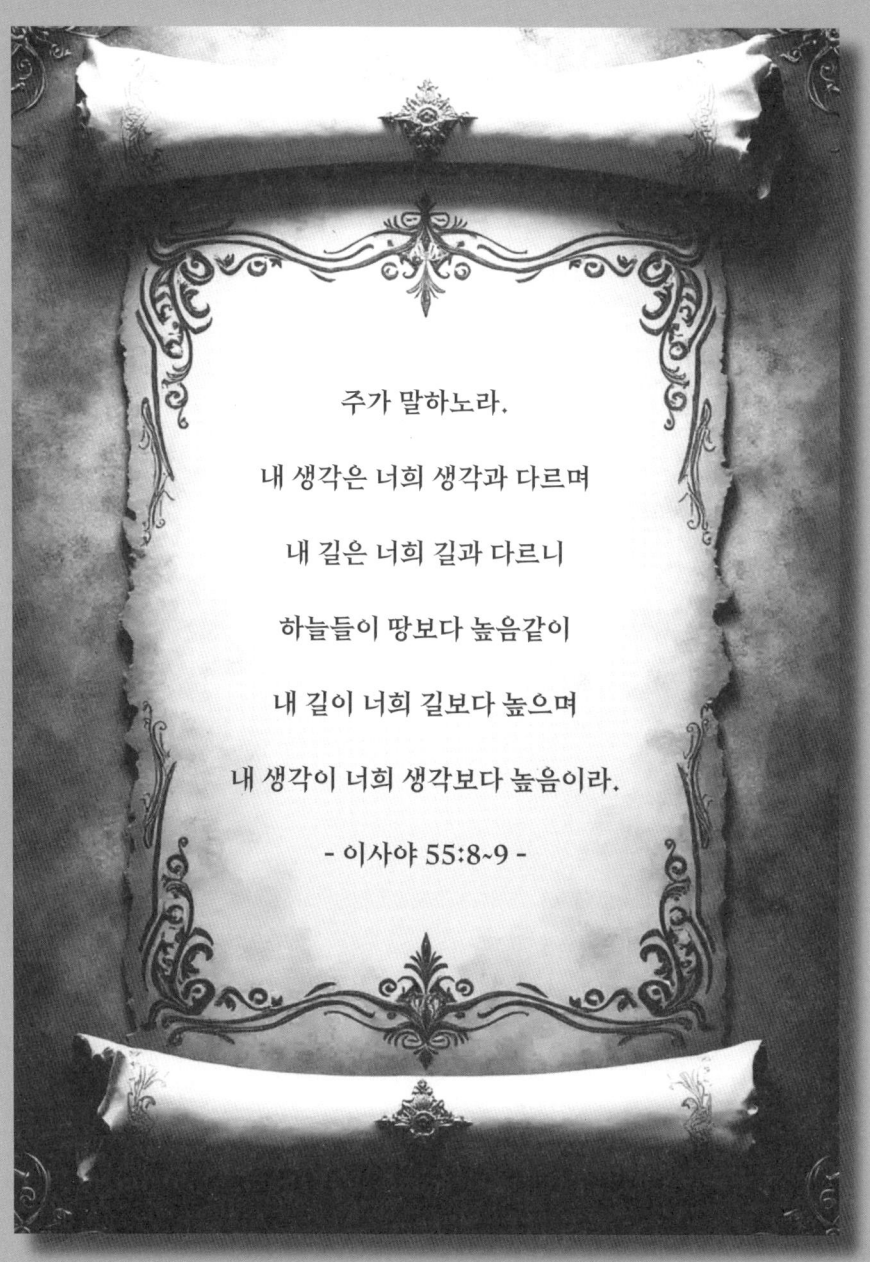

주가 말하노라.

내 생각은 너희 생각과 다르며

내 길은 너희 길과 다르니

하늘들이 땅보다 높음같이

내 길이 너희 길보다 높으며

내 생각이 너희 생각보다 높음이라.

- 이사야 55:8~9 -

김 운 길

서울대학교 경영학과 졸업

A.D.2695 다니엘 마지막 퍼즐, 2021, CLC
A.D.2695 계시록 첫 번째 퍼즐, 2021, CLC
A.D.2695 파수꾼의 경고 나팔, 2022, CLC
카이로스 2696, 2024, 담아서
계명과 심판의 날, 2025, 바른북스